U0133704

寿宁

茶乡新韵

朱雅秀 著

海峡出版发行集团 | 海峡书局
THE STRAITS PUBLISHING & DISTRIBUTING GROUP

图书在版编目（ＣＩＰ）数据

茶乡新韵 / 朱雅秀著. -- 福州 ：海峡书局，
2012.3

ISBN 978-7-80691-749-7

Ⅰ．①茶… Ⅱ．①朱… Ⅲ．①茶叶－产业发展－概况
－寿宁县 Ⅳ．①F326.12

中国版本图书馆CIP数据核字(2012)第040885号

责任编辑：吴寿华

茶乡新韵

著　　者：朱雅秀

出版发行：海峡书局

地　　址：福州市东水路76号出版中心12层

网　　址：www.hcsy.net.cn

邮　　编：350001

印　　刷：福州千帆印刷有限公司

开　　本：173毫米×246毫米　1/ 16

印　　张：9.5

字　　数：150千字

版　　次：2012年4月第1版

印　　次：2012年4月第1次印刷

书　　号：ISBN 978-7-80691-749-7

定　　价：45.00元

中国茶界泰斗、著名茶学专家张天福为本书题写的书名

　　2011年8月16——20日，年近103岁高龄的中国茶届泰斗、著名茶学专家张天福在省老领导、茶叶专家的陪同下，回到第二故乡寿宁县，考察选址张天福有机茶示范基地。

　　2011年8月20日，寿宁县茶业发展专家座谈会召开，吕居永、郑义正、陈增光等省老领导和省茶叶专家共同"把脉"寿宁茶产业发展。

　　2011年1月9日，寿山高山乌龙茶文化节暨厦门国鑫宝文化艺术馆开馆仪式在厦门市隆重举行。郑义正、陈增光等省老领导莅临现场，见证寿宁高山乌龙茶、高山红茶精彩亮相。

　　2011年4月20——22日，宁德市茶叶品牌暨寿宁高山乌龙茶推介会在北京隆重举办，寿宁高山乌龙茶、高山红茶深受各界好评，取得良好反响。

2010年10月20日晚,"寿宁杯"第二届海峡茶艺小姐电视公开赛在寿宁县东区隆重举行,省老领导郑义正致辞可爱的家乡,省老领导陈增光发来贺信祝贺。在精彩的比赛中,寿宁高山茶成为最大看点。

2011年4月9日,寿宁县南阳万亩工业园奠基暨项目开工仪式举行,南阳万亩工业园建设正式启动,在各级领导的关心支持下目前各项建设顺利进行。规划中的寿宁县茶城将在南阳动工建设。

　　2011年10月25——27日，寿宁县组织县内10多家企业，参加在武夷山市举办的第五届海峡两岸茶博会，规模为寿宁县参加历届茶博会最大的一次。借助茶博会平台，寿宁高山乌龙茶、高山红茶美名远播。

　　在发展茶产业进程中，寿宁县举办的各种高山乌龙茶、红茶种植管理及生产技术免费培训班，帮助广大茶农掌握乌龙茶和红茶栽培、制作技术，提高了茶企制茶水平。

1	2
3	4

1、改种新茶
2、修剪茶苗
3、春茶开采
4、生态茶园

2011年10月20日，寿宁县举办首届茶叶产品展、茶叶推介会。在茶叶推介会上，500克寿宁高山乌龙茶和500克寿宁高山红茶分别以13万元和11.8万元落槌，分别被上海大宁国际茶城董事长叶石生、北京御茶园董事长陈昌道拍下。

2010年9月30日——10月7日，寿宁县首届高山乌龙茶、高山红茶制茶能手比赛相继举办，全县制茶好手参加了比赛。

2011年7月1——2日，中国共产党寿宁县第十二次代表大会隆重召开。寿宁县委书记卓晓銮在大会上作题为《凝心聚力 苦干创业 努力推进闽浙边界生态新茶乡又好又快发展》的报告。

2011年12月17日，在寿宁县"两会"上，黄国璋县长在政府工作报告中，提出了新一届县政府的工作思路。在报告中，大力发展茶产业被放在新一年六项工作之首。

2011年7—10月，寿宁县委书记卓晓銮、县长黄国璋深入各乡镇茶企、茶基地调研，了解茶业发展情况。

东区美景

鳌阳新貌

今日茗溪

岁月如歌，茶香悠悠。寿宁这块曾经风起云涌的土地，如今掀开了新的篇章。

热烈祝贺"寿宁高山乌龙茶"荣获
"国家地理标志证明商标"

中共寿宁县委　寿宁县人民政府

图片制作：徐飞

目 录

第一章：福地山水茶韵扬

第二章：生态茶乡谱新篇

第三章：百年乌龙又逢春

第四章：馨香高远美名播

第五章：茶香茶韵绕千家

第六章：茶路悠远香绵延

序

郑义正

近日，读到寿宁青年女作家朱雅秀送来的报告文学《茶乡新韵》文稿，非常高兴，原因有二：一是家乡越变越美；二是朱雅秀的努力。

闽东山城寿宁县是我的家乡，家乡故土，人文风物，时时萦怀我心。寿宁史上曾有冯梦龙四年之治，因此，当地既有民风的纯朴，又兼具深厚儒雅文化的积淀。沿着历史的轨迹，历代文化墨客风起云涌。于今，最能展现这一地域风情的历史存留当属散布于寿宁境内的廊桥了。我相信，廊桥之与寿宁，并非偶然。偶然是必然的现实体现。寿宁廊桥是纯朴与儒雅的融合展现。

如果说廊桥是寿宁地域文化的有形留存，那么寿宁无形文化的自然留存又是什么呢？除了北路戏之外，无疑是茶了。

我是喝着家乡的茶长大的。母亲的乳汁养育我的身体，家乡的茶梳理成形了我的精神。工作后喝过各地各种茶品，但寿宁茶那种独特的风韵却一直是我不变的喜爱。寿宁之茶正象当地民风，朴质温厚，清雅绵长。寿宁茶韵，我一口就能分辨出来。

茶与人一样各有气质特点，一方水土养一方人，一方水土也养一方茶。寿宁县地处亚热带，虽不直抵海滨，却因其恰到好处的海拔，尽得天地之风水。茶业在寿宁县的历史可以追溯到唐代，但拘于地域交通和总体运作的局限，寿宁县茶业一直没有很好地发展起来。寿宁茶业发展很不容易，近几年来，在原县委书记李海波、原县长雷仕庆为"班长"的党政班子成员带领下，各级干部团结共事，父老乡亲奋力拼博，敢想敢做，寿宁各项事业蓬勃发展，面貌日新月异，深得人心，成绩斐然，有口皆碑。我几次和陈增光同志一起回乡，看到各项事业发展欣欣向荣，十分欣慰和满意。特别是茶产业事关民生，与寿宁28万人民的生计息息相关，发展好茶产业，为农民创收，意义重大。

近几年来，寿宁的交通状况得到很大改善，县域经济在走出去和引进来齐头并进的过程中，县委、县政府一班人把目光准确地投在了茶产业上。经过策划运作，上下联动，在种植、培育、采制、营销等各个具体环节，政府搭台，企业唱戏，在县内、在省内、在国内，不断开拓，占据市场分额，树立品牌。如今，以卓晓銮、黄国璋为"班长"的新一届寿宁县党政领导班子，把茶产业作为寿宁县的县域特色产业，在继续发扬光大中科学发展。

朱雅秀同志利用曾经从事新闻报道的机遇，积累了大量的有关寿宁县发展茶产业的第一手资料，创作了这部报告文学集。之前，小朱出了一本散文集《仰望星空》，以散文述说了对情感与生活的理解、向往、困惑、感触，有其独特的解读。这次《茶乡新韵》又站在全新的视角，解读寿宁茶产业发展历程，表达故土情怀。我翻阅了文稿之后，十分高兴，为家乡的茶产业发展感到欣慰，对寿宁又出一个作家感到欣喜。

我喜欢喝寿宁高山茶，常在茶香中想念我遥远可爱的家乡。衷心祝愿寿宁县茶产业发展更上一层楼，取得更骄人的成绩，并祝愿故乡文学新星朱雅秀再接再励，佳作不断，多出精品。

是为序。

2011年12月

（作者系福建省第九届人大常委会副主任、省检察院原检察长）

引 子

"寿宁真不容易，地无三尺平，甚至比贵州还难行。这几年下来寿宁各项事业发展得很好，思路明确，各项指标增幅都不错。能够做到从县情出发，做好茶业支柱产业发展、新城建设、造福工程建设等，为当地百姓造福，走出了一条符合县域发展的特色之路……"正值公元2011年4月16日，春光明媚，一个温暖的声音在寿宁大地响起。福建省委书记、省人大常委会主任孙春兰的声音，春风般回荡在人们心头，带来融融暖意。

孙春兰书记的到来，为寿宁县带来了深切关怀和殷殷嘱托，既是对寿宁各级党委政府的极大鼓励，更是对各级党委政府加快发展建设步伐的莫大鞭策。作为宁德市后发展地区的寿宁县，是孙春兰书记一直牵挂的地方。这里的各项事业发展如何？群众生活得怎么样？发展过程还存在什么困难……各种问题牵动着她的心。当日，孙春兰书记视察了南阳青年义务消防队、福建三祥工业新材料有限公司、东部新区等，每到一处，孙春兰书记亲切地问长问短，详细了解寿宁党建、工业、城市建设、农业发展等方面情况，不时领首。当了解到寿宁在"地无三尺平"的情况下，党政班子团结一心，立足县情，找准站位，带领全县人民凝心聚力发展茶业支柱产业，实施茶改，发展乌龙茶，实实在在为老百姓带来实惠，帮助广大群众过上好日子，孙春兰书记的脸上露出了赞许的微笑。她希望寿宁县立足现有的基础，今后要进一步解放思想，实事求是，立足长远，谋划新发展。

温暖的嘱托，前进的动力。时任寿宁县委书记李海波表示，

2011年是"十二五"开局之年，寿宁县凝聚合力，正力争在发展中实现新跨越，一定不辜负孙书记的厚望，再接再厉、顽强拼搏、勇创佳绩。

作为传统农业县，寿宁县发展茶产业打造强农富民工程，得到了孙春兰书记的肯定。寿宁乌龙茶历史悠久，上溯百年，却一直未能规模发展，养在深闺人不识。近几年，在县委、县政府的努力推动下，寿宁茶叶大步走出山门，茶产业迎来真正的春天。茶，成了名副其实的"绿金"，寿宁县境内随处可见一座座茶山星罗棋布，碧海扬波，在阳光下熠熠生辉，象是镀上了一层金光，展现出一片蓬勃的新貌。

福地山水茶韵扬

　　2011年4月，中国首都北京记住了一个散发着幽远醇香的名字——寿宁高山乌龙茶。

　　此次在北京举办的寿宁高山乌龙茶推介会，是寿宁茶叶品牌推介有史以来规模最大、规格最高、影响力最大的一次，意义重大。通过举办推介会，进一步提高了寿宁高山乌龙茶知名度，推动寿宁高山茶走向全国，促进寿宁茶产业提速发展。有着百年历史的寿宁高山乌龙茶，以其别具一格的高山生态特质，为首都市民和来自全国各地的茶人茶商送上了一道难以忘怀的馨香奇韵。

图片制作：徐飞

寿宁高山乌龙茶进军北京

2011年4月20日上午9时许，时任寿宁县委书记李海波手捧香茗，推开办公室玻璃窗，向远处，更远处望去。他仿佛听到了来自北京的笑声。

与此同时，在北京展览馆内，时任寿宁县县长雷仕庆心情特别激动。随着"宁德市茶叶品牌暨寿宁高山乌龙茶推介会"的隆重开幕，馆内响起经久不息的掌声，喜笑颜开的雷仕庆县长和嘉宾们一道将手掌都拍红了。

这一天，风和日丽，花团锦簇。中国首都北京记住了一个散发着幽远醇香的名字——寿宁高山乌龙茶。

4月20——22日，由宁德市人民政府主办、寿宁县人民政府承办的"宁德市茶叶品牌暨寿宁高山乌龙茶推介会"在北京展览馆内隆重举行。来自北京及全国各地的各界嘉宾、茶商欢聚一堂，共同见证寿宁高山乌龙茶惊艳亮相，共叙茶事话发展。有着百年历史的寿宁高山乌龙茶，以其别具一格的高山生态特质，为首都市民和来自全国各地的茶人茶商送上了一道难以忘怀的馨香奇韵。

茶道在中国已有千年以上历史，特别是在作为茶文化传播中心的北京，茶，从历史深处、从各地山水中走来，以其独特的蕴味滋养了北京人的品味和性情，中华传统文化在这里得到了尽情挥洒和生动的演绎，北京人对茶的眼光可说是"刁，准，狠"。而来自福建深山的寿宁高山乌龙茶、高山红茶一经推出，即备受关注，成为全场的焦点。

在精致的茶具内，寿宁高山茶缓缓舒展茶索，释放香气，化身于水，接受各种眼光的评判和品味。国家机关党工委常务副书记李宏在原宁德市副市长江振长、原寿宁县县长雷仕庆的陪同下，细细品过寿宁高山乌龙茶、高山红茶后，连连点头给予高度赞扬："寿宁高山茶的味道真是好，而且颜色很漂亮，底色鲜活，不愧好山好水出好茶啊！"国家民委副主任丹珠昂奔端着茶杯久久不舍放下，由衷赞叹："寿宁高山茶很好，不仅茶色好看，而且味道好喝，品质特别优良，茶质令人信服。中国的贫困县80%产茶，这些县域地处深山，高山气候的条件使茶业反可以成为富农的支柱产业，茶区高举'生态牌'大有可为。"中国茶叶流通协会秘书长吴锡端诚挚地说："虽然我没到过寿宁，但没少喝寿宁的茶，因为陈昌道董事长在北京的大卖场一直推介家乡的茶叶，所以寿宁高山乌龙茶给我留下很深的印象，它不仅生态安全，而且具有独特的韵味，特别是汤色绿，香气浓，味道醇，让消费者放心。"

对于寿宁高山乌龙茶，各级领导和嘉宾们有着共同的祝愿，希望寿宁立足好的生态环境基础和乌龙茶茶类优势，进一步把优质茶品发掘出来，造福于当地茶农和百姓，为当地群众的增收和脱贫致富，做出更大的贡献，同时也为消费者提供更多安全优质的茶叶。

对于善品茶与饮茶的北京市民来说，寿宁高山乌龙茶带给他们的则是一种难以忘怀的记忆。北京市民赵颖品过寿宁高山乌龙茶后，啧啧称赞："太香了，真好喝，寿宁高山乌龙茶真是太棒了！"来自北京一所高校的沈老师循香寻来，品过寿宁高山乌龙茶后眼前一亮，特意向展馆要了几包茶样，准备带回校将其作为课题与学生一起细细研究；常在天津和北京之间来回的小伍喝着寿宁高山茶，与赵颖谈茶两人有着许多的共同语言……来自五湖四海的人们不约而同地使用了"好茶，好喝"这样质朴的词语来表达对寿宁高山乌龙茶的认同和喜爱。

首次进军首都，寿宁高山乌龙茶、高山红茶即以叶厚、形美、质优、味醇、耐泡五大魅力吸引了挑剔的各地茶客茶人茶商，取得了良好的品牌效应和推介效果。在北京展览馆内的众多展区前，以国宝廊桥造型为外观的寿宁高山乌龙茶展区人气旺盛，御茶园、裕发、双秋、梦龙春、春伦、天福缘、兴昌等七家茶企精美的茶品琳琅满目，令人目不瑕接。展区内外，北京市民及各方茶人络绎不绝，品茗论茶，赞不绝口。

这次推介会借助"2011年中国（北京）国际茶业及茶艺博览会"这一平台，以"寿宁高山乌龙茶——忘不掉的好茶"为主题，在展区集中展示和推介寿宁高山乌龙茶。推介会上，寿宁县与北京、深圳等地茶企现场签约四个项目，协议投资总额达2.6亿元。推介会期间，"2011年中国（北京）国际茶业及茶艺博览会"组委会组织开展了第二届"觉农杯"中国名茶评比活动。由福建天禧御茶园有限公司选送的"御茶园"牌伯爵红茶、寿宁裕发茶业有限公司选送的"裕发园"牌高山乌龙茶双双荣获金奖，为寿宁茶叶品牌再添两道金字招牌。

推介会受到各级领导、各界人士的关注，取得良好反响。国家机关党工委常务副书记李宏、国家民委副主任丹珠昂奔、国务院扶贫办副主任王国良等国家部委领导和有关单位负责人，北京市西城区有关单位领导，北京福建茶叶商会、北京宁德茶叶商会负责人，上海、厦门、广州、西安、石家庄等重点茶叶经销区的知名茶商，宁德、寿宁在京工作、经商乡贤、嘉宾及寿宁县领导雷仕庆、包江苏、吴松兰等共三百多人出席推介会，推介会现场气氛隆重，热闹异常。推介会期间，新华社、中央电视台、中国贸易报、中国经济时报、中国商报、人民网、央视网、中国网等三十多家媒体聚焦现场进行采访报道，"寿宁高山乌龙茶"成为各媒体网络的热门词。

"打了场漂亮战"

因公务在身无法前往北京的李海波书记，对此次盛会格外关注。他心潮起伏，感慨万千："今年是'十二五'开局之年，寿宁高山乌龙茶举办北京推介会，是寿宁好茶走向全国的起点。寿宁将以这次推介会为契机，将茶品质和茶文化进一步有机融合，实施名牌战略，进一步打响寿宁高山茶品牌，提高知名度，做大做强寿宁茶产业，为推进'环三'、'海西'现代农业发展做贡献。"站在窗前，阵阵茶香飘来，他仿佛又站在西藏高原海拔五千多米的米拉雪山之上，看那阳光之下的群峰和熠熠生辉的雪野，心里充满希望的信心。

组团进京参加盛会的雷仕庆县长同样心潮难平，思绪良多："此次在北京举办的推介会，是寿宁茶叶品牌推介有史以来规模最大、规格最高、影响力最大的一次，意义重大。通过举办推介会，进一步提高了寿宁高山乌龙茶知名度，推动寿宁高山茶走向全国，促进寿宁茶产业提速发展。"他告诉笔者，下一步，寿宁高山茶还将继续挺进西安、广州、福州等中国其它大中城市，全面打响品牌之战。

寿宁县是全国重点产茶县、福建十大产茶大县，全县人均茶园面积居全省第四，茶叶产量居全市第三，人均占有量居宁德市首位。近几年来，寿宁县委、县政府致力打造寿宁茶产业，出台"一号"文件，从政策、资金等方面进行扶持，培训茶农改植、制茶，力推茶产业发展，寿宁高山乌龙茶、高山红茶声名远播。寿宁悠久的产茶历史、深厚的茶文化底蕴、优越的自然环境和优异的茶叶品质，以及近年来寿宁大力推进高山乌龙茶发展取得的成效，倍受关注。

寿宁高山乌龙茶推介会在北京的成功举办，令寿宁乡贤——北京御茶园公司董事长陈昌道十分激动："推介会的举办对于提高寿宁高山乌龙茶的知名度，打了场漂亮战。寿宁人，包括闽东地区，包括福建人在全国各地经营茶业的商铺非常多，这是我们做好经销，把茶叶卖好非常有利的条件。只要把茶叶生产好了，各地的经销商一定会蜂拥而来。接下来，我们要在茶叶品质、加工技术、保存技术等各个环节进一步把好关，使寿宁高山乌龙茶从众多乌龙茶中脱颖而出，得到消费者的一致认可，我们才能站稳脚跟，赢得更多的市场份额。"他说，"这几年，寿宁的茶业发展非常蓬勃，可以说是百花齐放，百家争鸣，我们在外乡亲感到非常欣喜。有县委、县政府的决心，有众多茶商的参与，有各界人士的关心和支持，相信寿宁高山茶叶一定能得到长足的发展，一定会在全国，甚至全世界美名远播，使百姓有更好的收入。这一点我非常肯定。"

何作云是原寿宁县茶厂的厂长，离开寿宁后走南闯北近20年，现为广州一家大型茶企董事长。对于这次推介会，何作云的感受特别深，他认为："寿宁茶叶在品质、文化品牌卖点等方面具备了核心竞争力。今后可从销售渠道建设、产品包装设计上作进一步提升，更贴近市场客户的消费需求。"此外，何作云认为，现代茶业的管理机制很重要，在整个茶叶生产和经营过程中，应合理协调生产商、销售商、下游消费者之间的利益关系，促进茶业发展。

一连几天，寿宁县政府办主任郭晓清沉浸在一股自豪的情绪中："这次推介会影响非常大，反响非常好，作为寿宁人，我感觉脸上有光！"

作为此次北京推介会的前阵，郭晓清和县农办、茶业局等有关部门工作人员在推介会开幕前就来到北京，进行工作对接及前期筹备。北京的宾馆服务员喝过寿宁高山乌龙茶后说："品味过你们的茶，看了你们的宣传，可以想象，寿宁是个山清水秀的好地方。"在推介会上，郭晓清不断听到各种声音，说的是同一句话："寿宁高山乌龙茶，好！"听得他的心里喜滋滋的。

寿宁县茶业局局长王允斌与郭晓清有着同样的感受，虽然推介会开幕前夕往北京跑了好几趟，十分劳累，但王允斌心情非常激动："产自高山无污染的寿宁茶能进驻北京，这在寿宁茶业史上是空间的，是以前想都不敢想的事情！"推介会规模大气，嘉宾众多，氛围浓厚，让王允斌记忆犹新，寿宁展区还吸引了许多西方国家驻中国大使馆工作人员，他们品过寿宁高山乌龙茶和红茶后，连连点头："Ok，茶叶很好，很喜欢。"

看到家乡人来到北京推介茶叶，寿宁乡贤们特别感动和自信："我为家乡感到自豪！"乡贤张发生、潘香江的话更是道出了大家的共同心声："家乡发展得这么好，以后我们在北京发展经营底气更足了！"

如今，提起寿宁高山茶叶，提起生态新茶乡，寿宁人民再也不像过去那样闪烁其辞，而是无比自豪。随着茶产业强农富民，东区建设三年造就新城，安居工程造福万名群众，南阳新城建设全面启动，展示在人们面前的是一个朝气蓬勃、前景美好的全新寿宁。其中，事关寿宁28万人民生计的茶产业，发展历程倍受瞩目。从地处福建闽东北小山城到首都北京，从"养在深闺人未识"到"一朝扬名天下知"，寿宁高山乌龙茶、高山红茶系列品牌从精心打造到推广提升，从抓茶叶品质、品牌建设、市场开拓等关键性环节入手，至今走过五年多时间，经历了许多不平静的日夜。

茶海福音

春天，是个神奇的使者，她敲响春雷，布施雨水，舞动春风，唤醒春草，催开花朵，送来温暖和希望，将大地点染成一幅生机勃勃的宏伟画卷。

在这画卷里，处于福建省闽东北的寿宁县沉醉在一片蓬勃的绿色海洋中——13多万亩茶园正迎着春风抽芽拔叶，吐新绽绿，青翠欲滴，茶香氤氲。一道道铺满茶树的梯田状茶园随连绵的山体曲线起伏，在阳光下闪着油亮油亮的光芒。一道道绿浪此起彼伏，一阵阵笑语随风飘扬，一个个身影忙碌往来。茶，这希望的绿色，生命的绿色，期翼的绿色，福祉的绿色，承载了寿宁28万人民的致富梦想。

在这令人心旷神怡的绿色中，闪动着茶农们开怀的笑脸。自2007年实施茶改"一号工程"以来，茶业做为强农富民的支柱产业，效益逐年显现。被当地农民誉为"绿色银行"的茶业，敞开了它金色的大门，广大茶农鼓了腰包，富了日子，提高了生活质量。

一组来自寿宁县茶业局的统计数字显示：至2010年底，寿宁县茶园面积达13.3万亩，茶叶产量1.05万吨，产值4.75亿元，农民年人均纯收入5824元，其中茶收入为2425元，占农民年人均纯收入近42%。与2007年实施茶业"一号工程"前相比，全县茶园面积增长1.3万亩，比增近11%；茶叶产量增长2339万吨，比增28.6%；产值和茶农人均收入均是茶改前的三倍！

"通过三年多茶改工程的实施，借助各种茶事活动，寿宁县茶业实现了质的飞跃，为快速发展打下良好基础。"时任寿宁县委书记李海波欣慰地告诉笔者，寿宁县在进行茶叶品种改植、做强茶叶基地的同时，扶持龙头企业发展，树立茶叶品牌，拓展茶叶销售市场，全面推进茶产业发展，茶业支柱产业的经济效益正日益突显。2011年，县委将进一步出台扶持政策，扶持重点从茶改工程转向品牌战略和茶企建设，推动茶产业再上新台阶。

"以实施茶改一号工程为重点，抓好品种优化、技术推广、基地辐射、品牌打造等关键环节，打响寿宁高山乌龙茶、高山红茶品牌，以茶业促增收带民富……"在2011年2月份召开的寿宁县"两会"上，时任寿宁县县长雷仕庆在《政府工作报告》中提及新一年茶产业发展的目标时，语调铿锵，激情洋溢，意气风发间一点都看不出他身患重感冒，刚刚打过点滴。

2011年是"十二五"开局之年，寿宁县茶产业发展站在了一个新的起点，在继续抓好茶叶改植的基础上，进一步做好加工、品牌、市场、销售等后继工作，其扶持重点也从扶持种植向提升加工水平、建立品牌、市场营销等方面转变。在政府工作报告中，2011年茶产业的发展目标十分明确："围绕建设闽东北乌龙茶生产集散中心，做强做大茶业富民文章。继续实施好茶叶品种改植、现代茶业发展和生态茶园建设，确保新增乌龙茶品种改植面积8000亩，使乌龙茶总面积达到三万亩，促进茶产业转型升级；重视制作工艺人才培养，加大技术培训，提高茶叶生产、管理、加工水平。鼓励御茶园、天池峰、瑞雪、万旺福、春伦等重点茶企加快建设步伐，扩大生产规模；扶持建设一百个以上家庭茶叶加工点、十家以上茶叶加工厂；加快茶叶交易市场建设，逐步建立完善市场销售网络；多渠道宣传推介寿宁高山乌龙茶、高山红茶，争取完成寿宁高山乌龙茶国家地理标志证明商标申报；鼓励引导茶叶企业申报QS认证；抓好茶叶产品研发、茶树良种繁育等工作。"在与笔者的交谈中，雷仕庆县长称，在发展的新时期，这份政府工作报告是吹响了寿宁新一轮茶产业建设的"冲锋号"。

是的，茶业这一寿宁最重要的民心工程、民生工程、一号工程正吹响新一轮"冲锋号"。从2007年起，在走过五年卓有成效的茶改之路后，与28万寿宁人民福祉息息相关的茶业革命正打开新的篇章，开始新的征程。闽浙边界大地崛起生态新茶乡，寿宁县委、县政府在科学发展观统领下，以"茶"为主题，以强农富民为宗旨，以人与自然、历史与现实为中心，谱写着一首当代传奇篇章。寿宁人民致富的梦想不再遥远，前进的步伐迈得更加坚实。

历史深处的茶香

一千多年前，陆羽在我国第一部茶叶知识专著《茶经》中挥毫写下："茶者，南方之嘉木也，一尺二尺，乃至数十尺。"山清水秀的寿宁县即是这"南方嘉木"的主产地之一。

从茶香中一路走来的寿宁县，拥有多张闪亮名片：世界贯木拱廊桥之乡、中国花菇之乡、全国农村水电电气化县、全国重点产茶县、全国重点老区县、首届全国道德模范徐丽珍的家乡。明代著名文学家冯梦龙曾任寿宁知县，寿宁20世纪30年代曾是中共闽浙两省临时省委、闽东苏维埃政府所在地，60年代，"红色少年"张高谦的英雄事迹誉满神州。步入寿宁，徜徉其间，随处都能感受其浓郁的文化气息：厚实而清逸的历史文化，质朴而进取的人文民风，开拓而踏实的时代精神。

也许是上天的垂爱，史料中有一方"福地"记载的寿宁县，境内地理环境独特，有着得天独厚的高山生态育茶环境。

打开地图，位于福建省东北部的寿宁县形如枫叶，静静地贴在闽浙两省交界处。因寿宁县分别与浙江省的庆元、景宁、泰顺和福建省的政和、周宁、福安接壤，故素有"两省门户，五县通衢"之称。全县土地面积1424平方公里，辖四镇十乡203个行政村(社区)，全县28万人口，距省会福州市区284公里，距宁德市区129公里。

明景泰六年（公元1455年）置县以来，寿宁县走过了五百五十多年悠悠时光。冯梦龙治县四年，著有《寿宁待志》一书，留诗"县在翠微处，浮家似锦棚。三峰南入幕，万树北遮城。地僻人难到，山多云易生。老梅标冷趣，我与尔同清。"形象地描述了寿宁山高林多雾重谷深的生态地理环境。寿宁地形以山地和丘陵为主，古人有诗云"群峰雄峙，岭峻溪深"，境内千山竞秀，万壑争流，草木葱郁，云蒸霞蔚。全县有六十多万亩海拔在500——1200米之间的山地资源，其中近三分之二地区海拔在800米以上，茶树病虫害少。境内冬暖夏凉，雨量充沛，年平均气温在13至19℃间，年平均日照数1700多小时，年平均降雨量达1500多毫米。山地土壤有黄壤、红壤、沙壤，一般土层厚度在一米以上，有机质含量在2%至3%之间，PH值在4.5至6.5之间，茶树主要依靠腐殖质土壤中丰富的矿物质生长。

俗话话：靠山吃山，靠水吃水。作为传统农业山区县，寿宁素有"茶县"之称，产茶历史悠久。在这座城的史册中，飘满茶的芳香，茶的甘醇，一直被津津乐道。回溯历史，沉郁醇厚的茶香在时光深处留下了幽深的印迹和动人的诗篇，茶文化在岁月积淀中沉实厚重。据考证，寿宁南阳镇出土了北宋时期擂茶用的擂钵；南宋状元缪蟾从寿宁西浦村出发赴临安春试时，家人为他设茶酒宴"饮饯"送行，至今民间还流传着"饮茶送行"的习俗；民国18年《霞浦县志》记载："上东、中东、下西、上西、小南各区皆有种茶，多于山园种之。迥不及福鼎玉琳之'大白毫'，寿宁之'乌龙'……"寿宁民间也早有关于乌龙茶的流传，许多上了年纪的老人记得，他们的长辈喝的乌龙茶形状狭长扁平，犹如关公手中的大刀，被称为"关刀"状。这种寿宁县自创的乌龙茶，既有别于闽北乌龙茶的韵味，又不同于闽南乌龙茶的形状，独树一帜，别具一格，体现了寿宁高山乌龙茶的显著特征。明朝寿宁县令冯梦龙在所著《寿宁待志》中记载："三甲住初垄，出细茶，十甲住葡萄洋村，出细茶，茶出七都。"据考证，"三甲"即指寿宁县平溪乡，细茶据考证就是高山工夫茶。高山工夫茶在寿宁民间早有流传并记载，茶的醇香，从发黄的文字，从民间的深巷中飘出，令人陶醉。至今民间仍流传着冯梦龙的茶诗："九峰山上紫茶殊，香漫甘回嫩厚舒。他日堂中酬客友，仙茗盛誉满姑苏。"清朝的寿宁县令宋际春《咏斜滩》里的诗句"风烟团一市，茶香绕千家"则生动形象地描述了当年茶业的繁荣兴盛。清咸丰、同治时期，寿宁所产高山"工夫"红茶就已远销海内外。解放后，寿宁生产的"福寿银毫"、"凤凰舌"、"宫山仙蕾"、"寿山香茗"、"太姥玉芽"等茶叶品牌产品多次在国际、国内名茶评比中荣获金奖。

　　小小一片茶叶，连系着千家万户的生计。正如《寿宁县志》所载："明景泰六年始设县治，茶叶已成本县大宗农业土特产。"茶业，是以发展农业为主的寿宁县的支柱产业，占据农村经济格局的半壁江山，是群众收入的主要来源，与群众生产生活密切相关，各乡镇均大力发展。走进寿宁，你会看到茶树行行相接、茶园山山相连、茶人穿梭往来的壮观景象。发展茶产业一直是寿宁县历任领导发展山区经济的一项重要决策，近年来，通过引进优良品种，改造低产茶园，革新制茶工艺，扩大生产规模等措施，寿宁县的茶叶产量、产值迅速增长。自小在茶乡长大的寿宁人民与茶结下了难分难解的深厚茶缘，嗜茶成性，视茶如命。晨起先喝的是茶，乔迁、嫁娶信物中离不开茶，远行馈赠以茶表意，他们把茶叶当成了修身养性、陶冶情操的"信物"，以茶传情，以茶会友，以茶抒怀，以茶明志。访亲会友、经商出行、红白喜事等等，都离不开茶，民间更流传着"茶哥米弟"的说法，茶叶，在寿宁人心目中的地位，甚至高于一日三餐离不开的大米，正所谓"宁可一日无粮，不可一日无茶"。

　　"山径摘花春酿酒，竹窗留月夜品茶"。茶，如春雨如晨露，滋润着寿宁人民的日常生活，芬芳着几个世纪的峥嵘岁月。

"福云6号"之困

　　然而，就是这样有着得天独厚产茶环境的寿宁县茶产业，在走过早期的辉煌历程后，栉风沐雨，逐步走向下坡路。到2006年，寿宁茶产业可谓是走到了历史的最低谷，徘徊不前。这还得从绿茶老品种"福云6号"说起。

"福云6号"曾是闽东茶叶品种的宠儿。

时间回溯到1980年，福建省茶业公司对全省进行茶叶划区。八闽各地精制了茶样参评，以作为划分的依据。经省专家品鉴研究决定，将闽南、闽北一带划分为乌龙茶区，闽东划分为绿茶区。1981年，闽东各县（市、区）从福建省茶科所大量调运"福云6号"绿茶茶苗，广为种植，"福云6号"就此成了闽东茶业的"当家花旦"。其中，寿宁县的"福云6号"绿茶种植面积占了总面积的90.9%，用当地老百姓的话来说，绿茶成了茶叶主打产品"一统天下"。

上世纪90年代，寿宁县第一次尝试发展乌龙茶新品种时，在武曲镇一带发动种植铁观音乌龙茶。但由于制作工艺未跟上，当时生产的铁观音茶产量少，销路难，基本上是掺杂在"福云6号"中"滥竽充数"，根本谈不上经济效益。寿宁初次尝试发展乌龙茶便不了了之，农民把铁观音茶树挖去，重新种上了绿茶品种"福云6号"。

这期间，寿宁茶业还经历了一段白芽奇兰的"小插曲"。时间流转到1996年，中国茶界泰斗、著名茶学专家张天福先生回到当年他下放的寿宁县故地重游时，提倡寿宁推广"白芽奇兰"品种。这种茶叶兼制性广，茶青既可制作绿茶，也可制作乌龙茶和红茶。随后，寿宁县开始推广种植白芽奇兰4000亩。种植之初，群众将白芽奇兰套种在"福云6号"茶园中，静观市场变化。这种种法导致了白芽奇兰幼苗饱受壮年福云6号的"欺压"，加上管理不当，次年大部分白芽奇兰枯萎死去。寿宁茶业又回到福云6号"一统天下"的格局。

一度以来，人们只看到"福云6号"芽早、量高的优势，忽略了其芽梢易形成对夹叶的特性与品质欠佳的问题。随着消费者对产品质量要求的提高，"福云6号"逐步失去市场竞争能力。近年来，随着市场多元化的变化以及各地茶叶产业的蓬勃兴起，寿宁县茶业在风雨飘摇中面临着巨大压力。

从事茶业工作多年的寿宁县茶业局副局长郭尧福清楚地记得，由于茶树品种老化，茶叶品种与市场需求脱节，至2006年，福云6号茶青价格跌至每斤0.30元，而此时的安溪铁观音茶青每斤达25——30元，是福云6号的80——100倍。在干茶方面，寿宁绿茶每斤均价十元，安溪铁观音每斤均价为100元，是寿宁的十倍，两者价格差距悬殊。

茶贱伤农。在量高而无市的绿茶面前，茶农无利可图，"望茶兴叹"，与闽东其它各县市一样，以"福云6号"为主的寿宁县茶业陷入了尴尬的境地，亩产值不上2000元，茶农人均收入不足700元，严重影响着农民的增产增收，茶农生产积极性受挫。低迷的市场，低廉的价格，低微的收入，成了茶农心头之痛。许多茶农纷纷弃茶外出打工，或将茶树砍去当柴烧，一小部分茶农在无奈的叹息声里艰难守望。全县相当数量的茶山抛荒，茶园荒芜。昔日热闹的茶园一片寂寥，茶叶无人问津，茶市萧条冷清，茶农情绪低落。茶叶，连同老人、孩子一起，成了"留守"的代名词。

茶叶品种过于单一、老化，已成为制约寿宁县茶业发展的瓶颈。

新思路成形

一连几天，时任寿宁县委书记李海波的眉头成"川"字形紧紧锁着。

李海波书记来自著名的中国茶都、中国乌龙茶之乡——闽南安溪县，深谙茶道。安溪人与茶之间的关系可谓息息相关、唇齿相依、难解难分、共生共荣。安溪县茶园面积达61万亩，茶叶产量七万吨，涉茶产值74亿元。浸润在茶香中的安溪人，从小就喝着茶长大，几乎家家户户都有茶叶作坊，种茶采茶销茶推行茶文化，不仅生产生活离不开茶，精神福祉也离不开茶。茶，是他们的生命之水、财福之源、思乡之根，其"纯、雅、礼、和"的茶道精神，更是体现了"天人合一"的和谐理念。

2007年8月23日，李海波到任寿宁县委书记。此前，他于2004年从泉州市泉港区区委副书记、常务副区长的任上去援藏，在西藏林芝地区工布江达县担任三年县委书记，2007年夏末援藏结束后调配到寿宁县履新担任县委书记。带着组织的信任和重托，承载着寿宁28万人口的殷殷期待，他感觉肩上沉甸甸的。

初到寿宁，李海波书记就反复思考领导的谈话，下基层，走部门，心里反复琢磨寿宁县各项工作发展的突破点。发展经济是毫无疑问的重点，作为经济基础薄弱的山区县，只有把经济抓上去了，才能解决好各方面的问题。这个问题他在赴任寿宁县的途中，就已经想到了。

2007年8月底。上任伊始,李海波书记顶着炎炎夏日、如火骄阳,马不停蹄下乡调研,了解寿宁社会经济、历史地理、风土人情等各项状况,进村入户查看群众生产生活情况。最近的调研,让他进一步下定了决心。

那天从几个乡镇一路调研回来,草草吃了饭,李海波书记就回到办公室。打开笔记本,他的眼前浮现出白天在平溪乡调研的情景。在平溪乡龙头坑村,李海波书记沿途看到漫山遍野的茶园,蔚为壮观。一问,种的都是"福云6号"。按理,这大片茶园给茶农带来的该是大笔的收入,但当地茶农满脸愁容。一位老农愁眉苦脸地告诉李书记:"如今茶没价,采茶不如不采。我是年纪大了,不然早出外打工了!"寿宁茶农一年辛劳到头,却没有得到相应的回报,这让李海波书记感到心痛。他到南阳镇调研,从一位茶贩那里了解到,当地一斤茶青仅卖0.25元,而安溪铁观音茶青一斤就高达25元,价格相差一百倍!

大脑里一一重播着调研的一个个场景,沉思良久,他起身泡了一杯茶,茶!他的眼光闪过一片光亮,拿起笔,在笔记本上写下一个大大的"茶"字。一个以发展茶业为突破口,促进农民增收的思路,在他的脑海里初步成形。

四大优势

随着调研的不断深入,李海波书记惊奇而敏锐地发现,寿宁的茶业发展条件与安溪有着许多相似之处,有些地方具备的优势,堪与安溪相媲美,甚至有过之而无不及,十分适宜种植乌龙茶。这些优势可以概括为四个方面:

一是自然优势。寿宁属中亚热带山地气候,四季分明。终年云雾缭绕,日照适度,雨量充沛,温和湿润。全县有六十多万亩海拔在500——1200米之间的山地资源,重峦叠嶂,山清水秀,山泉甘冽,大多"无雪不过年",得天独厚的原生态自然环境十分适宜茶叶生长。

由于高山气候冷凉,早晚云雾缭绕,平均日照短,导致寿宁茶树芽叶中所含"儿茶素类"等苦涩成分降低,进而提高了"茶胺酸"及"可溶氮"等对甘味有贡献的成分。又由于日夜温差大及长年午后云雾遮蔽的缘故,使得茶树的生长趋于缓慢，让茶叶具有芽叶柔软、叶肉厚实、果胶质含量高等优点，茶质优异。由此加工而成的茶叶，往往具有特殊的云气花香，而且香气高，滋味浓，耐冲泡，条索紧结，白毫显露，别具叶厚、形美、耐泡、香清、味醇等品质特点。

二是资源优势。至2007年，寿宁拥有近12万亩茶园，其面积、产量位居全省前列，28万人口中有18万人长期从事茶叶的生产、加工、销售等，茶叶经贸交易活跃。

三是区位优势。寿宁地处闽浙交界，是福建对接长三角的最前沿地带，双湖公路的开通初步营造了一张畅通的路网，一旦福安经寿宁至泰顺、宁德经寿宁往周宁这两条高速公路建成，寿宁"五县通衢"这优越的地理条件必将得到很好的体现，对寿宁茶业的发展，对福建闽东北，乃至闽浙一带茶业市场的形成发展都具有重要的意义。

四是后发优势。茶业是一项与人们生活息息相关的朝阳产业，有着巨大的发展空间，寿宁茶叶必将以原生态、高品质和厚重文化内涵的后发优势，展示出广阔的发展前景。寿宁发展茶产业正当其时。茶业的蓬勃发展还能带动旅游、运输、餐饮、印刷、制造等一系列相关产业的联动发展。可谓是"一业兴则百业旺，一叶兴则万家富"。

为验证这四大优势的可行性，寿宁县委、县政府多方联系，请来省、市茶业专家，对寿宁种植乌龙茶的土壤、气候等条件进行多次论证，确定了引进种植铁观音、金观音等乌龙茶品种的可行性。在广泛论证、科学实践的基础上，寿宁县委、县政府决定，把茶产业作为寿宁强县富民的支柱产业，予以大力发展。

新构想破茧

"今天的常委会主要研究寿宁的经济工作和县域发展具体目标。"县委会议室里灯火通明，李海波书记的开场白直切主题。

此前，李海波书记已要求县委、县政府各部门，就寿宁县县域经济发展工作思路，开展调研，并召开了十多场研究讨论会，听取各方意见，集思广益，统一思路。此次会议，李海波书记已酝酿多时，会前分别与雷仕庆县长，以及分管农业的副书记、副县长进行了充分的交流探讨。会议的议题很快就转入寿宁县域经济发展的具体措施上来。

"前一阵子，我到县里各地转了转，也布置各位就寿宁经济发展的具体路子开展调研工作。"李海波书记眼镜镜片后一双深邃的眼睛炯炯有神地扫视着全场："抓经济工作是件实实在在的事，讲究切合实际，因地制宜，量力而行，先谋后动。所以，今天的会议希望同志们能提出切实可行，行之有效的工作思路来。"

雷仕庆县长一直以来都怀着发展经济的迫切感，发展经济是他执政的当头要务，但是在这样一个经济底子薄、基础弱的山城县抓经济，谈何容易。李海波书记对经济工作的一番热诚，着实让他感到由衷的高兴。经过近一段时间与李海波书记的沟通、交流、商讨，取得了较为一致的看法和思路。今天的会他是做了充分的思想准备。

雷仕庆县长紧接着说："寿宁是宁德的后发县，经济发展一向滞后，在整个宁德摆在第三梯队，也是最后一个梯队，压力很大啊。"他顿了顿："但是，办法总是比困难多，李书记多次与我研究县里的经济工作，他多次强调，发展经济是解决一切问题的重要基础。来寿宁这几年来，我也一直在想，在抓，现在有李书记的关心、支持，我们应该下定决心，立足自身，攻坚克难，想方设法，集中精力，把经济工作抓上去。请各位对政府的工作多提宝贵意见。"

与会同志纷纷发言，主要提出要紧紧围绕县情实际，发展闽浙边界特色产业。农业方面，立足农业资源，以开发山地种植业为重点，以茶业为主导，发展反季节蔬菜、果竹、林业等；工业方面，充分利用地域特色资源，主要发展金属加工、电机电器业，并提出加大政策扶持力度，通过内引外联，一方面鼓励农民发展种植业，一方面加大招商引资工作力度，把开展亲情招商与对外招商相结合，引资聚智，借助外力促进发展。

这次会议，县四套班子领导各抒己见，建言献策，一个关于"闽浙边界生态新茶乡"的构想破茧而生。会议提出了把寿宁定位为"闽浙边界生态新茶乡"的新思路，提出把茶产业作为农民增收致富的重点来抓。李海波书记的话铿锵有力："把寿宁定位为茶乡，关键是种什么茶、如何种茶、如何制茶。改植茶树品种，提高茶叶品质将是寿宁县茶业工作的当务之急。"他在常委会上作最后总结时，明确了下步的工作分工，要求根据会议精神，提出一个总体工作思路，成立相应的工作小组，各小组分别提出具体方案，并由县政府研究制订改植扶持政策。同时，他表示，近期将带队前往安溪县考察茶产业。

考察团的震撼

2007年9月9日这天，寿宁的天气格外晴朗，头天夜里，李海波书记还特意察看了天气预报。一大早，由时任寿宁县委书记李海波、时任县长雷仕庆带队，由县四套班子部分成员、14个乡镇党委书记、县农办、茶业局、农业局等有关部门人员、老同志代表组成的考察团，直奔安溪县学习取经，受到安溪县委、县政府的热烈欢迎。

这次考察，听取了安溪县委书记、县长对安溪县茶产业发展工作的介绍，参观考察了安溪县城市建设、工业园区、安溪茶都和一批重点产茶乡镇、茶企，学习吸取了安溪县的先进工作经验，特别是茶产业生产经营的新理念，考察团人员深受触动，获益匪浅。

"他山之石，可以攻玉。安溪县发展茶产业的模式，非常值得我们借鉴学习。安溪通过品种改造，形成安溪铁观音产业基础，再通过转移重点进行品牌打造和市场拓展，带动了产业发展。安溪茶业一开始的方向抓得很对路。"此次考察，让时任寿宁县委办主任刘春民印象深刻的是，安溪县委、县政府一任接着一任干，持之以恒，以长远的眼光，大量的资金投入，大气魄的扶持，推动茶产业发展。"寿宁如果能象安溪一样，形成茶产业发展的兴旺局面，寿宁的经济就多一个不可动摇的产业支柱，农民的收入也将大大提高。"刘春民意识到，发展茶产业，必须注重品牌打造，以市场带动产业，让市场末梢深入家家户户，形成完整的产业链，从而实现整体联动，促进纵深发展，为寿宁带来长足的经济发展后劲。

寿宁县政府办主任郭晓清于2003年去过一次安溪，再次踏上安溪的土地，他惊叹："变化太大了！"他感慨，没想到在铁观音茶产业发展带动下，安溪这个最初的贫困县不到五年时间发生了如此翻天覆地的巨变：新城区依山傍水，时尚亮丽，丝毫不逊色于宁德市区；夜晚登上凤山，蜿蜒的蓝溪长龙般守护着城区，璀璨动人的安溪夜景尽收眼底，动人心魄；茶都的规模、气势宏大，市场外车水马龙熙熙攘攘，市场内人来人往摩肩接踵，交易市场活跃异常，最多时市场内一天超过三万人；农民家家户户住的是小别墅，装着空调，宽大的庭院内分布着住宿区和家庭作坊区，工作生活两不误；家家门口都停着两、三部二轮摩托车，茶农骑着它运肥料送茶青飞奔往来成为当地一道流动的风景线……反观寿宁，与安溪的茶山、茶园地理环境不相上下，但在市场、销路等方面存在巨大的差距，茶产品名气未打出，产值根本无法与之相比。

在茶叶包装厂内，工人们在各自生产线上埋头忙碌，各种精美的包装从这里流水般运向全国各地，时任县农办主任龚寿春深受触动：茶产业兴旺发达，给农民带来丰厚收入，百姓过上好日子，连第三产业也被有力带动！反思寿宁，在地理、生态方面具备相似的优势，发展前景无限。一股新的希望在他心中升起，他暗想，一定要按县委、县政府的部署，向安溪学习，发展好茶产业，让农民增收致富。

对于寿宁县茶业局副局长郭尧福来说，此次考察团之行印象最深的是一名大学生回安溪当茶农。当时安溪人小陈从福建省农林大学毕业，分配到闽东古田县工作。因调动困难，小陈最终放弃了古田安逸的工作环境，回到安溪县投入茶产业发展大军中当起茶农，不仅建设了20亩铁观音生态茶园，还办起了家庭加工厂，现在人称"陈师傅"。在介绍创业情况时，陈师傅告诉考察团人员，自己一年下来的纯利润是六十多万元，相当于当时在古田县工作30年的收入。郭尧福问了陈师傅一个问题："你是一名大学生，回来当农民，觉得可惜吗？"对方笑着告诉他："共产党培养了我，农林大教会了我农业技术，现在我虽然是一名农民，但将农业技术运用好了，照样过上好生活，没有辜负老师们的期望。"郭尧福受到很大的触动：小小茶叶，竟然带来这么大的经济效益，难怪李海波书记总说"一业兴则百业旺"啊！

在去安溪县虎丘、西坪、祥华、健魁等乡镇的路上，郭尧福看到各种省份车牌号的小轿车来来往往、络绎不绝，车流将道路塞得满满的，堵车现象时有发生。郭尧福惊叹：安溪怎么这么多车啊？转而一想，便明白，原来这都是来自全国各地的车辆，大家都涌到安溪购买茶叶来了。这一路上，郭尧福开始做一件事：数车。从上午八时数到晚上十时，一路上，郭尧福共数了一万辆车！

在健魁镇一家饭店用餐时，郭尧福了解到邻桌一位客商特地驾车从深圳来到安溪，只买到两斤茶叶。郭尧福禁不住问："合算吗？"对方的回答让他十分惊讶："不是合算不合算，我们是慕名来到安溪，买到好茶叶是我的福分，拿回深圳后，当镇店之宝。"安溪铁观音名气之大，让郭尧福感慨不已，他这才真正明白了李海波书记那句话的涵义："寿宁有这么多茶园，又有一定的种茶经验，如果都是安溪的铁观音，经济效益可不得了……"看眼前的安溪县，在茶产业带动下，不仅铁观音经济效益惊人，连餐饮、住宿、娱乐等都被带动起来，到处热热闹闹，群众把日子过得红红火火，一时间，他的思绪飘得很远：要是寿宁也种上乌龙茶，跟安溪一样打造茶叶精品，盛名之下不愁没市场……

9月11日，考察回来的大巴车上，热闹异常，来自乡镇的"各路诸侯"议论纷纷，群情振奋："我们要学习安溪的先进经验和做法，根据实际情况，抓好茶叶工作。""咱们寿宁的产茶环境与安溪差不多，人家安溪铁观音发展得这么好，我们也有信心种好铁观音，发展高优农业。"茶产业原来发展较少的下党乡党委书记表示迎头赶上："我们回去后要立足下党生态好的立地条件，做好茶文章。"南阳镇考察回来后加大力度发展茶产业，2007年底2008年春，南阳镇新种乌龙茶面积位居全县各乡镇之首。

这次考察，安溪县茶产业蓬勃发展的情景让寿宁县考察团大开眼界，许多人受到震撼，对寿宁发展茶产业前景充满憧憬和信心。

首个试点村

铁观音，是中国十大名茶之一乌龙茶类的代表，为半发酵茶类，素有"形如观音色如铁"之称。关于铁观音名称的由来，民间流传着一个美丽的传说：

1720年间，安溪有位茶农魏荫，笃信佛教，敬奉观音。每日早晚，必敬奉一杯清茶于观音佛座前，祈求观音降福庇护，恩泽人间，之后再开始忙碌茶事，几十年如一日，从未间断。有一天晚上，他在睡梦中得到观音指点，次日果然在山谷石隙间找到梦中的茶树，圆叶红心，叶肉肥厚，青翠欲滴，芳香诱人，与自己平常所见过的茶树大为不同。魏荫惊喜万分，将茶树挖回种在家中的一口铁鼎中，悉心培育。茶叶制作出来后，乌润结实，味香形美，芳香扑鼻，犹如甘霖。因此茶为观音托梦而成，魏荫感恩不尽，取名"铁观音"。许多人可能会奇怪为什么茶叶名称冠以"铁"字，对此，民间有三种解释：一是由于茶树叶片在太阳底下闪烁着"铁色"之光，另一种说法是茶经过发酵后，"茶色如铁"，还有一说为铁观音茶冲泡之后，量重如铁，形似观音。

从实际功效来说，铁观音茶名的由来不无道理，可谓名副其实：常饮铁观音茶，有益于祛病保健，养生长寿，犹如观音菩萨保佑一般。

传说总是美丽，蕴含了美好的寓意。然而，万事开头难。要让寿宁群众转变固有的思想，接受乌龙茶接受铁观音，推行茶改，并不容易。虽然发展茶产业的目标初步确定，但茶改之初，工作并不顺利。

位于寿宁县南大门的武曲镇承天村成为寿宁县推行茶改的第一个试点村。承天村是名副其实的茶村，海拔65米，气候温暖，雨量充沛。村中人口一百七十多户七百多人，有茶园面积近2000亩，年产茶叶三千两百多担，人均茶园面积达两亩多，茶叶是群众增收致富的支柱产业。

2007年10月的一天，下午2时许。武曲镇承天村村委会办公楼前，村支部书记范学兴、原村委会主任林璋在翘首以待。"李书记来咱村做什么？"林璋悄悄问身边的范学兴。范学兴眯起眼睛望着铺满阳光的道路，小声说："听说是种茶的事。一会儿就知道了。"

道路上扬起淡淡的烟尘，几部小轿车在村委会办公楼前停下，两人迎上前去。时任宁德市市长陈家东、时任县委书记李海波，农办、茶业等部门人员及武曲镇政府有关干部一行来到武曲镇承天村，召集村主干开会。

"同志们，承天村是产茶大村，我们今天专程到承天村来，就是奔着茶叶来的。"李海波书记一开口，就把村干部的心抓住了，他们目不转睛地望着书记。李海波书记清清喉咙，继续说："寿宁的海拔、气候、土壤等环境因素与安溪非常接近，具有很大的优势，发展乌龙茶前景无量。承天村做为寿宁南大门的产茶大村，基础厚实，县上考虑将承天村定为寿宁发展乌龙茶的首个试点村，任务是种植300亩乌龙茶。"范学兴与林璋对视一眼，心里同时咯噔一下：乌龙茶！

"下面，请陈市长给大家作指示。"李海波书记说。陈家东市长微笑着扫视一下大家，说："承天村是市政府的挂点村，这次寿宁县要选几个乌龙茶种植试点，我也建议把你们村列进去。这里条件好，也有过相关种茶经验。目前福云6号的效益太低，你们得不到多少经济效益，如何解决农民收益问题，我也一直在思考。所以也乘这次机会来一趟。你们李书记对这次试点工作做了大量的前期调研，是可行的。希望大家抢抓这个机遇，把茶产业抓上去。"

这是一次思想引导会，接下来，寿宁县农业分管副县长吴松兰、县农办主任龚寿春、县茶业局原局长金向祥等分析了寿宁县发展乌龙茶的优势、目前市场变化形势及发展乌龙茶市场前景。范学兴、林璋当即表示："领导这么重视，我们承天村又是陈市长的挂点村，我们村两委一定想办法发动群众，完成300亩乌龙茶的种植任务。"

对于乌龙茶，武曲镇并不陌生。上世纪80年代初，寿宁县第一次尝试发展新品种时，武曲承天村即开始种植乌龙茶品种铁观音，只不过规模小，效益低，在茶农眼里属"忽略不计"的一种。

现在，市、县领导亲自动员，说起来，不就是种茶吗？然而，让承天村村干部意想不到的是，实际遇到的困难比他们想象的要大得多。

难解的疙瘩

　　几天后，承天村村委办公楼会议室内挤满了人，武曲镇党委政府干部、承天村干部、全村村民都来了，会议室坐不下，会议室外的走廊上挤挤挨挨站满了人。随着一行身影走近，村民们低语："李书记来了！"人群中立即分开一条道路。

　　是的，距上次召开村主干会后没几天，李海波书记再次来到承天村，召开群众动员大会，确定把承天村作为乌龙茶试点村，并宣传相关扶持政策。这次一起来的，除了时任宁德市市长陈家东、县分管领导及农业、茶业部门相关人员，还有时任县长雷仕庆。

　　种植乌龙茶！承天村象油锅中丢进了水滴"渣渣"一片响，群众议论纷纷，争相提出他们最关心的问题："这乌龙茶种下去，产量有没有福云6号高啊？！""一斤茶青能卖多少钱？种了有人要吗？""管理方便吗？""听社会上很多人传言说是乌龙茶不好种，很难成活嘛。"县农办、农业局、茶业局人员耐心地进行了讲解，群众思想上有疙瘩："还是福云6号好，产量高，又有现成的效益。""虽然乌龙茶茶青价格高，但产量低，一综合如果还没福云6号有价，还不如不种。""听传言说乌龙茶只能采一季，管理又那么麻烦，还是福云6号好。""要是茶叶效益上不去怎么办？谁来赔偿我们的损失？"……群众有的大声嚷嚷有的窃窃私语，嘲笑的摇头的沉默的抽烟的，意见不一，但有一点却是相同的，即难以接受乌龙茶种植。

　　见此情景，陈家东市长站起来，微笑着说："我们市政府十分关心挂点村的茶业发展，为了鼓励发展新品种，市政府决定给予资金扶持。"他现场拍板：发展一亩乌龙茶，补贴1000元！一旁的雷仕庆县长目光如炬当场表示："在此基础上，每发展一亩乌龙茶，县财政再追加500元补贴！大家尽管放心。"群众你看看我，我看看你，有喜形于色的，有不屑一顾的，有将信将疑的，有不动声色的。

这次动员会开了一个多小时，虽然有资金补贴作保障，但群众仍然顾虑重重。市、县领导前脚一走，会议室里就炸开了锅："我可不种，谁要种谁种去！""福云6号虽然发不了财，也饿不死咱，还算稳当，这乌龙茶又有谁能保证咱发财……"要他们将种植了二十多年的"福云6号"挖掉种上新品种，他们老大不乐意，也舍不得。并且，这乌龙茶说是价格高，但毕竟产量低，再加上寿宁多年前尝试发展乌龙茶没有成功，群众心里没底，谁也不知经济效益到底有多高？

村支部书记范学兴、原村民主任林璋心里明白：耳听为虚，眼见为实。茶农要的是看得见摸得着的好处才买账。要改变群众的顽固思想，解开心头的这疙瘩，可不是件容易的事啊！

艰难"试水"

要将茶农的思想从种植经营多年的"福云6号"拗到金观音、金牡丹等乌龙茶新品种上，许多茶农心里没底，也下不了手将老茶树成片挖掉，均持观望态度。考虑到群众对乌龙茶有抵触情绪，是因为他们不了解乌龙茶，才顾虑重重，武曲镇党委、政府召开会议，决定由干部们轮番进村当"说客"，晓之以理，动之以情，转变群众思想，发动群众种植。

吃过晚饭，武曲镇包村干部们来到承天村，与村干部们一起到各户茶农家里喝茶拉家常，解答群众对于乌龙茶的种种疑问。干部们做了个对比："福云6号天天采，人劳累，价又低，一斤才卖两毛多，一天采100斤吧，才卖20多元；乌龙茶多有价啊，一斤卖二十多元，卖出一斤抵上卖100斤。比一比，算一算，哪个效益好呢？""政府资金扶持力度这么大，就等于茶苗不花钱，只要花些功夫管理，又不亏本。没试过怎么知道就不成功呢？""政府是帮助大家致富，不相信，可以到省农科院问问。"范学兴、林璋拍拍胸脯："大家放心，我们村干部带头种，有福共享，有难同当。"面对一张张诚恳的面孔和一番番掏心窝的话语，部分群众开始心动了，范学强、吴丽芳、范希寿、范希斌、林云等几户村民私底下一商量，表示可以试试。

不几天，范学强、吴丽芳等人于晚饭后骑上自行车，来到位于福安市社口镇的福建省农科院茶叶研究所打听消息。不问不知道，一问吓一跳："我们制作的乌龙茶一斤三百多元，一生产出来就被抢走了，供不应求。""4——5斤茶青就可以制作一斤乌龙茶，现在茶青很畅销，很多人要。"这一问，范学强、吴丽芳等人吃下了定心丸，原来政府说的没错，乌龙茶真的这么好啊！范学强、吴丽芳等人从茶叶研究所买回金观音、金牡丹等乌龙茶茶苗，学习了育苗技术并开始种植，成为全村首批乌龙茶种植户。

挨家挨户做完群众思想工作后，在武曲镇党委、政府安排下，包村干部利用周末时间，在承天小学内先后召开四场动员会，发动群众种植。范学强、吴丽芳等人现身说法，大部分群众解开了思想上的疙瘩，开始咨询乌龙茶种植事项。武曲镇党委、政府因势利导，从省农科院茶叶研究所，市、县茶业局请了茶业专家进村举办学习班，现场指导授课。群众积极性上来了，大家扛着锄头上山，砍掉老茶树，开挖新茶园，一株株乌龙茶被一双双粗壮的大手种进泥土里。

2007年11月份，寿宁县乌龙茶种植迈开了艰难的第一步，承天村群众首次"试水"，共种植了一百八多亩金观音、金牡丹。

夫妻斗茶

作为茶改之初第一批"吃螃蟹"的人，承天村茶农范学强带头种植乌龙茶。没想到他和妻子为此闹起别扭，留下一段"斗茶"佳话。

范学强从2005年就开始尝试种植金观音、金牡丹新茶品种，是承天村的种茶能手，有着丰富的种茶经验。看到武曲镇干部们挨家挨户做思想工作，他有心种植，与妻子商量种植乌龙茶事宜，不料遭到妻子的强烈反对："我不同意，以前种植乌龙茶都没名堂，这次又种，这不是白扔钱花力气瞎胡闹吗？！"妻子的反对不无道理。当年的乌龙茶种植带来的阴影，还留在群众的心里。

范学强据理力争："那是以前的事，现在是十年后了，形势不同。有县委县政府政策扶着撑着，你怕什么，再说，做事哪能不担风险呢？"妻子十分固执："有风险就说明不保险！说是这么说，如果亏本了怎么办？""种植乌龙茶每亩还有1500元的补助，这等于政府花钱帮咱们买茶苗，怎么会亏本？"妻子瞪他一眼："这么好的事，怎么大家都不种？就你聪明，你头脑发热吧？"范学强也来气了："不试验，怎么知道成不成功！再说了，乌龙茶茶青的价格是咱福云六号的100倍呢，不是10倍，是100倍知道吗？！种下去就是摇钱树，这钱不赚我可会后悔！"范学强提高了声调，把"100倍"几个字拉得特别长。"你爱赚你赚去，我的福云6号现成天天都有得采，才是摇钱树呢！"妻子的倔劲也上来了。范学强磨破嘴皮做妻子的思想工作，固执的妻子就是不跟他"一般见识"，一扭身子进了厨房。

一番争执之后，谁也说服不了谁，两人赌气将茶园"分家"，共同经营的20亩茶园两人各管一半。范学强将十亩老茶树挖去，改种上了乌龙茶品种"金观音"、"金牡丹"等，妻子的那十亩照旧是"福云6号"绿茶。看到范学强信心满满种植新茶，村里的部分茶农抱着试试看的心理，也开始新茶种植。

转眼到了2008年秋季，范学强的茶叶有少量可采摘了，虽然茶叶产量低于妻子，茶叶收入却远远高出了妻子所种的绿茶！事实胜于雄辩，在范学强兴奋的笑容面前，妻子低下了倔强的头，主动"握手言和"，她的那十亩茶园也全都改种了乌龙茶。

看到范学强的乌龙茶带来了实打实的效益，承天村其它村民纷纷效仿种植，范学强更是一发不可收拾，扩大种植规模，成了远近闻名的"茶王"和种茶示范户，邻近不少茶农纷纷前往取经学习。除了种茶，范学强瞄准全县上下种植乌龙茶热潮时机，开始着手乌龙茶苗木培育。2009年，他育下的120万株茶苗为他带来二十多万元收入。2010年，范学强将育苗规模扩大到200万株。

首批试点村确定

　　继武曲镇承天村群众动员大会之后，李海波书记一行马不停蹄赶往另一个试点村——大安乡后西溪村。在后西溪村委会办公楼内，李海波书记接过工作人员递过来的绿茶，喝了一口，半开玩笑地说："希望下次来的时候，我喝到的是你们自种和制作的铁观音新茶。"

　　后西溪村动员会一结束，李海波书记又立马来到南阳镇下房村选点。秋日的阳光照射在山上，为山野罩上一层黄澄澄的丝幔。李海波书记登上海拔七百多米的高山，放眼远眺，阵阵凉风吹动他的满头乌发，眼前山高谷深，丛林繁茂，黄土厚实，尽收眼底，正是种植乌龙茶的天然佳地。他向南阳镇党委书记了解下房村的地理情况，随后询问站在身边的郭尧福："这里的土壤酸碱度是多少？"

　　郭尧福凭自己从事茶业工作三十多年的经验判断："土壤酸碱度PH值应该在5.5——6.5之间。"李海波书记的眉头皱了起来："多少就是多少，怎么在5.5——6.5之间，范围这么大？"郭尧福实话实说："书记，我没有测量仪器，只好靠经验估计，无法提供精确数字。"李海波书记紧抿嘴唇点点头："马上去配仪器，我要的是精确数字，马虎不得。"郭尧福知道，一心扑在工作上的李书记，要求十分严格，对乌龙茶种植相当专业，要精确数字是为了便于比对，选择最适宜的地理和土壤环境，以种出最好的乌龙茶。微酸性土壤最适宜铁观音生长，数字精确必不可少。

　　为了选择这最佳环境，李海波书记多次带领各部门工作人员亲赴犀溪、大安等乡镇各村落，登上各处高山选点。寿宁县茶业局之后专门配备了一台海拔仪，这部形似手机的海拔仪郭尧福时时带在身边，用于测量海拔高度、方位、丈量面积等，在工作中发挥了很大的作用。

　　在多次实地考察、反复调研、一系列论证的基础上，寿宁县委、县政府最终确定茶产业为强县富民的支柱产业，同时提出引进茶叶新品种，种植乌龙茶。

2007年10月份，寿宁县委、县政府确定了全县首批六个乌龙茶种植试点村即：武曲镇承天村、犀溪乡路口桥村、斜滩镇西山茶场、大安乡后西溪村、南阳镇下房村、清源乡日洋铺村，首批试点村共1000亩乌龙茶的种植任务，每亩给予1000——1500元的资金补助。其中，武曲镇承天村因海拔低以种植金观音、金牡丹为主，其它几个试点村以种植铁观音为主。试点村一确定，县茶业局的专家们开始深入这些村的田间地头，现场指导，开展乌龙茶种植技术培训。群众开始趁晴好天气开垦茶园，开翻新土，为乌龙茶的到来做好准备。

群众开垦茶园，改植茶叶新品种。

改植乌龙茶新品种的茶园

第二章

生态茶乡谱新篇

在那些难忘岁月里，张天福与寿宁结下了深厚的感情，寿宁成了张老的第二故乡。回到福州后，他对寿宁的发展情况总是特别关注。每当听到有关寿宁消息时，张老总是关切地问这问那，十分留意……

说着茶，张老的眼前浮现出碧绿的茶园，浮现出知识青年年轻的身影和飘荡在青春岁月上空的茶香。多年前那段热血沸腾而又带着时代灰色烙印的岁月穿过光阴的尘封来到面前。他抑制不住心中澎湃的浪潮，激动地提起笔，凝神写下："建设新茶乡，造福寿宁县"十个大字，祝福寿宁。

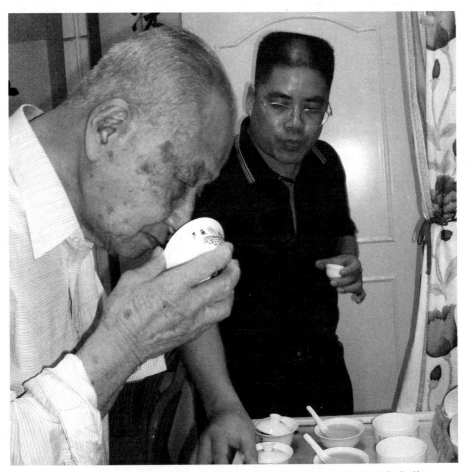

中国茶界泰斗、著名茶学专家张天福在用心品鉴寿宁高山乌龙茶。

吹响进军号角

2007年12月21日，霜冷冰重，寿宁县委十一届六次全会隆重召开，会议上的一项项决策温暖着人们的心灵。

这次会议，以党的十七大精神为指导，围绕"海西"和"环三"发展战略，按照福建省委"四求作为"的要求，立足县情，首次提出了打造"闽浙边界生态新茶乡"的战略定位，是寿宁茶产业由寒冬步入暖春的转折点。

全会分析寿宁的县情和发展现状，提出了今后一段时期寿宁县发展的总体思路：坚持"科学发展"这条主线，实施"生态立县、农业兴县、工业富县、教育强县"四大战略，壮大"茶业、林业、水电、冶金、矿产、旅游"六大产业，努力打造闽浙边界生态新茶乡。全会明确提出以建设闽东北高山生态乌龙茶生产集散中心为重点，重心锁定乌龙茶品种，实施茶叶品种改良，致力做强做大茶产业。寿宁茶产业发展吹响了进军号角，开始迈入一个新时代。

这次会议，提出了打造"闽浙边界生态新茶乡"的战略目标：实施"五二三"富民工程，大力推进茶产业发展，把发展茶业作为增加农民收入，改善民生质量，促进民富县强的主导产业。提出用三年时间，新种或改种铁观音、金观音等乌龙茶新品种一万亩以上，五年完成三万亩以上，初步建成铁观音生产基地。到2014年茶业总产值达5.5亿元，人均收入4850元，人均增长1000元。

李海波书记在全会上指出：打造闽浙边界生态新茶乡，重在克服困难，加快发展，贵在凝心聚力，精神见新。就是要通过全县上下的艰苦努力，实现"五个新"即"立足新起点、展现新精神、形成新风气、实现新发展、树立新形象"。他恳切、真挚、充满信心地说："人总是要有一点精神的。推进后发展地区的发展，最宝贵的就是要有一种精神。我们的经济基础相对薄弱，立地条件比较差，但我们改变落后、摆脱贫困的志气和勇气绝对不能比别人差。我们要有直面落后的勇气，要有改变落后的骨气。"他提出，"自信自强、苦干创业"必须成为时代的最强音和主旋律，必须成为全体寿宁人民最具代表性的精神状态。

随着"闽浙边界生态新茶乡"战略目标的确立，寿宁历史上的创新之举之一——茶叶品种改良大戏正式拉开了序幕。随着决策者手中的指挥棒高高扬起，寿宁这片热土上，一首大写的"茶"的交响乐正在奏响。

热忱的声音

思路决定出路，定位决定地位。

实施"四大战略"，发展"六大产业"，努力打造闽浙边界生态新茶乡——寿宁县委十一届六次全会提出的这一科学发展思路，融入海西争跨越，立足茶乡创新业，不仅让各部门人员欢欣鼓舞，更深感责任重大。广大干部群众热议会议精神，各种热忱的声音体现了他们对寿宁发展的信心和决心。

时任寿宁县委宣传部副部长李安说："当前我县经济发展基础还相对薄弱，立地条件相对较差，打造闽浙边界生态新茶乡，推动我县跨越式发展，贵在凝心聚力，精神见新。'自信自强、苦干创业'的'寿宁精神'，体现了对我们自身发展潜力和优势的正确把握，对自身不足和弱势的清醒认识；体现了务实求真、立党为公、执政为民的宗旨意识；体现了我们既有直面落后的勇气，更有改变落后的骨气这一良好的精神风貌。大力弘扬'寿宁精神'，就能使全县上下坚定既定的发展思路和措施办法，扬长避短，奋力向前；就能使我们摒弃自怨自艾、心虚浮躁等心态，脚踏实地，狠抓落实，以发展的实际成效取信于民。"

时任寿宁县农办主任龚寿春认为这次大会提出的科学新思路是"民生新希望"。他说："打造闽浙边界生态新茶乡的发展思路，立足寿宁实际，体现了科学发展，以人为本，关注民生，让广大群众看到了建设小康社会的新希望。"他认为，"生态"提法，体现了寿宁既是传统农业县的县情，又展示了优势所在；既立足当前，又着眼长远，是寿宁未来发展进步的根本前提；"新茶乡"提法，从现有规模和基础来讲，立足闽浙边界建设生态新茶乡完全可能，是寿宁县主动融入省、市发展大局的重大举措。对于建设新茶乡将产生的效益，龚寿春认识到："从受益人数和农民增收的角度来讲，当前我县还没有一个产业能够超越它，通过做强做大茶叶产业的一系列新举措，将首先直接增加茶农收入，同时，茶业发展，还将带来食品加工业、流通业等二、三产业的发展，拓宽农民增收渠道，给群众带来更多的实惠。"

离退休老干部严成让拍手称快："我们是边界县、革命老区，有自己的山区特色。做大做强茶产业十分必要，利用安溪的茶叶品牌与他们合作，能快速提高我县的茶叶质量。报告中提出的目标都是切实可行的。做好富民文章，寿宁才有希望。"他激动地与老干部朋友们奔走相告："我们老同志应该带头支持县上各项建设。'一条主线、四大战略、六大产业'将为寿宁县带来新的发展机遇。只要上下一心，开拓拼搏，一定能把寿宁的落后面貌甩到太平洋里去。"

百家争鸣

《周易》云："天行健，君子以自强不息；地势坤，君子以厚德载物"，意思是说君子应该像天宇运行一样，自我力求进步，刚毅坚卓，发奋图强，永不停息；接物度量要像大地一样，厚实和顺，容纳万物，没有任何东西不能承载。

这句话给我们的启示是：天道运行周而复始，永无止息，谁也无法阻挡，君子应该效法天道，自立自强，奋斗不息。可见，积极奋斗的精气神是做好事业的主观根本。经济要腾飞，思想要先行，对于寿宁县来说，在茶业疲软低迷的现状下，打造"闽浙边界生态新茶乡"，需要昂扬向上、奋发图强的精神和敏捷有力的行动相结合，才能实现目标，创造出美好的现在与未来。

2007年12月25日，寿宁县委办、县委宣传部、广电局等七部门和单位联合开展弘扬"寿宁精神"大讨论和征文活动。寿宁县广播电视台、《寿宁时讯》在相应时段和版面开设"寿宁精神大家谈"专题、专栏，约请社会各界人士从文化、历史、教育等多角度、多层面进行探讨；在当地最有影响的民间网站"寿宁在线"推出"寿宁精神大家谈"专题版块，为广大干部群众发表见解、互动交流提供平台；开展全县弘扬"寿宁精神"大讨论征文评选活动，参评文章直接在"寿宁在线"专题版块中发表，参与交流互动。

一石激起千层浪，寿宁县各级各部门干部、群众积极参与，各抒己见。"寿宁在线"更是空前热闹，各行各业人士在这个草根网站平台上自由畅谈，抒发感想，一场关于"寿宁精神"的讨论如火如荼展开。

"站在新世纪的发展潮头，聪慧的寿宁人将完成从'宁人好讼'向'宁人自强'的转变，以更加开放的姿态，主动融入海峡西岸经济区的发展大格局。等到那一天，自信富裕的寿宁人就能微笑着说：我们无愧于这个时代，我们无愧于寿宁这片土地！"就读于北京一所大学的网友伍豪回到家乡，看到故乡经济面貌及精神面貌正在发生喜人的变化，深受鼓舞，字里行间充满自豪之情。

网友行成于思充满感情地写道："寿宁县委在确定今后发展思路中，以树立'寿宁精神'先行，堪称远见卓识。……自信自强是寿宁加快发展的精神支撑，是推动寿宁持续发展不可或缺的草根力量。惟有树立起自信自强精神，寿宁才有希望，才有冲出樊篱破茧而出的一天。"

网友无痕笔调铿锵满腔豪情："……今日之寿宁，倡导自信，正当其时。惟自信强则寿宁强，自信富则寿宁富，自信成功则寿宁成功。而自信与否全在于我寿宁之人，故老成自信、少壮自信、须眉自信、巾帼自信则寿宁自信。自信寿宁可凝聚人心，可挺起胸膛，可豪气冲天，可砥砺意志……"

网友游仁切身感受寿宁大地的种种变化，更是抑制不住自己的激情："随着寿宁精神的响亮提出，所改变的是面貌，凝聚的是人心，激励的是斗志。寿宁这片热土沸腾了，展现出为官一任、造福一方，顾全大局、乐于奉献、雷厉风行、低调平实、与时俱进、敢于争先的精神风貌。"

……

百家争鸣中，各种思想在这里碰撞、争鸣、汇集、闪光。

一片丹心《寸草集》

时任寿宁县委常委、宣传部部长林蔚虹看到全县上下团结一心形成共识，拧成一股绳，茶产业发展氛围浓厚，十分振奋。作为宣传部长，她一直在茶改试点、推广过程中，指导协调发挥各类媒体的作用，宣传寿宁发展茶业的优势所在，介绍国内各茶叶主产地的茶产业在地方经济中的主导作用，以及生产经营、先进经验和现代理念，并经常带领部里的工作人员深入乡镇、茶企、茶基地，掌握第一手资料。

她在部署全县宣传工作时表示："宣传工作要'两手抓'，一手抓县内的宣传，重在工作精神传达，重在先进经验传导，重在呐喊鼓劲。同时，还要抓好另一手，就是要为寿宁茶业发展推波助澜，让寿宁茶叶驰名宁德、驰名福建、扬名全国。"在具体的工作指导中，她强调："现在以及将来一段时间，发展茶业是我们寿宁的中心工作之一，作为党的宣传战线上的工作者，要及时、全面地做好宣传报道工作。不仅要写出茶乡新气象，更要写出茶人昂扬奋发、信心满怀的精神风貌。在发展茶产业中，深化'寿宁精神'也是我们要好好去做的文章。大家要有这方面的意识。要让寿宁茶新闻走出去，利用各种机会、媒体，以不同的新闻笔触，广泛宣传。"

寿宁十二月的夜晚，正是天寒地冻，林蔚虹部长的办公室灯光总是亮到深夜，她每天都要看完桌面上厚厚的一叠材料，那是她让工作人员收集的有关"寿宁精神"大讨论摘录和征文文章。她细心阅选文章，对那些好思路、好观点、好提法，哪怕一句话都圈划出来。"寿宁精神"大讨论和征文活动一结束，她吩咐工作人员去她办公室搬材料，"这次活动大有收获啊！你们好好阅选、整理，这些都是我们寿宁人草根精神的闪光点，要让这些闪光点汇成一片光的海洋。

2008年9月，林蔚虹部长主编《寸草集》，将"寿宁精神大讨论"获奖征文及部分入围作品汇编成册，在当地引起强烈反响。李海波书记欣然提笔，为《寸草集》作序。

序言采用古文体，叙议结合，娓娓道来，在客观陈述中追思历史，给人启迪和信心，在感怀现实中直抒胸臆，字里行间流淌着"自信自强、苦干创业"的精神真谛、作者务实求真的执政理念和对寿宁美好未来的坚定信念，读来令人感动和振奋。

在《序》中，李海波书记写道："为求变计，余尝遍咨邑中诸贤，其固不乏慷慨激昂之士，亦不乏真知灼见之辈，然怨天尤人、惆怅连天者亦不在鲜矣。闻官德正，则民风淳；官德毁，则民风降。……大道之行，天下为公，公义立而纷扰息。"他认为："一方发展之要，聚民力不如聚民智，聚民智不如聚民心，聚民心不如启民志，启民志必先激民望。况我寿宁，三千载人文、五百年县史。古来不乏直面困塞之士，一句'三千礼乐林中会，五百英雄背后随'，道尽先哲何等风骨。千里赛江弦歌不辍，巍巍南山翘楚辈出，岂我今人独失神彩乎？"

提及家道，李海波书记不胜感慨："余家数代寒微草根，祖辈几代，目不识丁，穷困潦倒。严父慈母，体羸性弱，每有委曲，总是再三慰戒我弟兄诸人：人唾尔颊须让其自干，切不可当面拭之！"

深有感悟的他说："一路行来，几多白眼，几多无奈，几多酸楚，惟我心知。故民瘼之艰、民生之重、民众之盼，可谓刻骨铭心，须臾不忘。思寿邑时势，'保民生、打基础'实为当前之要，应不遗余力加以推行。""惟寿邑积贫积弱积弊实非一般，改变现状，并非一人之力、一时之功所能及也。当下，寿邑之教育、计生、生态、工业、农业、干部作风、干群关系、社会风气，诸如此类，思想起来，无不令人辗转难眠、寝食不安，更感才之疏、能之浅、力之薄也。邑中诸事，心有余而力不足者多矣！"

虽历经个中艰辛，他心如磐石："惟凭党纪国法、天理良心做人做事，必不使一情一事徇私而废公，必不使一分非份之财进家入室；惟披肝沥胆，戮力呕心，以求寿邑寸尺之进、蝇头之功，以期不负党恩之厚、生民之托。倘有一朝别离寿邑，乃不致子来桥上诸老诸少道我太多短长，心愿足矣！"

寿宁精神大讨论倍受关注，取得了良好的效果，这让李海波书记颇感欣慰："此次寿宁精神大讨论，响应之热烈，出乎意料之外，颇显众志成城。或工或农，或商或学，或老或少，无不一展翰墨，挥斥方遒。或曰稍嫌文技略稚，又有何妨。正所谓不求文章手，但期士子心；不求翰墨香，乃寻教化行是也。"

聆听着时代的召唤，应和着时代的脉动，"自信自强，苦干创业"这一寿宁精神深入人心，得到广泛认同，成为全县广大干部群众打造闽浙边界生态新茶乡的强大精神动力，引领人们拼搏奋进，开拓创新。

运苗波折

2007年9月，寿宁县茶业局原局长金向祥和副局长郭尧福接受了李海波书记下达的一个任务：定苗。两人连夜赶往铁观音育苗基地选苗，经过商谈，以每株0.17元的价格，定下了三百多万株铁观音茶苗共计五十多万元。双方签订协议，定下起苗时间，之后寿宁县财政将30%的定金打入对方帐户。

2008年2月份，协议起苗的日期到了，郭尧福带领局里其它四名工作人员赶赴铁观音育苗基地。工人按要求操作起苗，将选好的铁观音苗株装上等在门口的大货车上，驶上高速公路，车上，除了驾驶员，还有一名寿宁县茶业局工作人员跟车送货，郭尧福和其它茶业局的工作人员则留在基地继续验收苗木、清点装车。这部装载着六十多万株铁观音苗株的大货车在丝绸般光滑婉转的高速公路上疾驰，最后停在了寿宁县茶业局门口。

"茶苗运到了，快帮忙卸货。"招呼声中，早已等候多时的县茶业局工作人员象迎接远方贵客一样，与工人一起将茶苗小心翼翼搬下，分装到几部车辆上，立即运往犀溪乡路口桥村、斜滩镇西山茶场、大安乡后西溪村、南阳镇下房村、清源乡日洋铺村五个以种植铁观音为主的乌龙茶试点村。

第一天一车，第二天一车。两天时间里，两车铁观音苗顺利运往寿宁县。但第三天运最后两车时，出现了小波折：因两地银行交接问题，寿宁汇往育苗基地的最后一笔苗木款未能及时到账。育苗基地负责人的眼神在货车和郭尧福等人之间扫来扫去，脸色阴晴不定："还差一笔钱未到位，这批茶苗不能走。"

郭尧福着急了：茶苗已装车好，如果没及时运到目的地，压在车内的茶苗质量将受到严重影响！在协商无果的情况下，郭尧福主动提出："看来你们不放心，但茶苗必须先运回，我留下来，等茶苗款到了我再走。"

就这样，郭尧福留在了育苗基地，他的两名伙伴随车将最后两车铁观音茶苗运回寿宁县。第二天，钱款到账，郭尧福回到寿宁。同事们问："你怎么比别人迟回来啊？"郭尧福苦笑着说："我留在基地当'人质'了。"

　　首批引自基地的铁观音茶苗就这样在三天内分批运到，三百多万株茶苗被陆续运往各试点村，村里热闹一片，分发茶苗、领取茶苗、接运茶苗，逐个登记，群众开始忙碌，大人小孩齐出动，欢笑着将铁观音苗送到早开垦好了的茶园边上。

　　随着试点村顺利种下茶苗，2008年2——3月，寿宁县14个乡镇的茶改工作全面铺开。和风轻拂春光好，在县茶业局茶技员的指导下，随着一道道锄头在茶园上空抡起，一双双手掌在茶苗根部按下泥土，铁观音开始扎根寿宁的土地，史上早有记载的寿宁乌龙茶重现身影。

"二指功"检验

　　然而，一个多月后，农民到茶园里一看傻了眼：部分铁观音出现死苗现象，尤其是南阳下房村、斜滩西山茶场几个点死苗现象严重，种下的茶苗里，枯萎死去的茶苗占了近40%！

　　这是怎么回事呢？面对茶园里显得有些零落的铁观音茶株，县茶技员分析后告诉茶农，死苗的原因有三个：运输过程茶苗受到挤压及高温影响受损；天气干旱茶园供水不足；种植栽培方法不当。

　　原来，种植铁观音有别于福云6号，简单说来就是土要实，苗要密。每亩宜种植茶苗5000——6000株，茶苗之间大行距为1.1——1.2米，茶株间的小行距为30×30公分。虽然在2007年底2008年初，全县铁观音种植技术培训课曾在各村开办，但上过培训课的茶农还没有真正掌握种植方法。而铁观音下苗后根部的土是否压紧压实，可以用"二指功"来检验。在补苗过程中，为避免再次出现死苗现象，茶农前面种好茶苗，郭尧福和茶技员们就在后面施展他们的"二指功"检验：将食指与中指并紧，去夹新种的茶苗。如果茶苗被从土中夹起，说明土压得不够紧实，要求茶农重种。如果夹不起，说明土够紧实，达到种植要求。

茶农也学会了"二指功"，蹲在地上与郭尧福一起检验茶苗。等郭尧福直起身，对茶农说出"种植合格"几个字时，发现自己已是腰酸背痛。他揉着腰，望着黄土中新绿的茶苗，拍拍茶农们的肩膀，大家脸上露出了笑容。

针对出现死苗这种情况，寿宁县茶业局多次派出茶技人员，重新加强技术知识讲解，加强现场指导，要求茶农严格按照茶技员的要求种植。经过补种，六个试点村的铁观音茶苗成活率达95%，在寿宁土层中真正扎下根来，迎着风雨霞露茁壮成长，精神抖擞，神采奕奕。

修剪第一刀

2008年春，在全县首批六个试点村试种成功的基础上，寿宁县将乌龙茶改种范围扩大到全县各乡镇，下达了全县改种5000亩乌龙茶的任务，茶改工程全面铺开。当年下半年，全县广大茶农忙着垦复茶园，大面积种植，各乡镇掀起一拨拨茶改热潮。

为保证种植成活率，在县委、县政府安排下，各乡镇各乡村的铁观音种植技术培训迅速跟上、加强，县茶业局派出的一批批茶技人员活跃在田间地头现场指导，成为茶农的贴心朋友。从陌生到掌握种植技术，广大茶农经历了一个"阵痛"的过程。

"铁观音茶苗种下后，60天以内茶苗发根，幼龄期以保苗为主，要手工除草，以免伤着根系。施肥方面，因茶苗根系不发达，要注意'少吃多餐'，以免'噎着'。"听着这样的讲解，一名茶农咕哝了一句："这铁观音可真娇气，跟婴儿一样得细心侍候呢。"引来其它茶农一片笑声。

"铁观音的身材以矮壮为佳，是不允许长太高的，有些象武大郎。前三年为铁观音幼龄期，高度控制在35——40公分。成年铁观音高度控制在40——50公分，这样可以避免高分枝，促进茶头密度，以产量促质量。所以修剪非常重要。"这样的讲解茶农们听得明白，可真要下手修剪，可不是个个都达得到要求的。原来，茶农在过去多年种茶过程中，习惯了福云6号80——90公分半人高的高度，而铁观音40——50公分的高度只到成人膝盖左右，得弯下腰，用茶农的话来说就是个"矮"字。茶农手上拿着大茶剪，迟疑着就是下不了手。

1——3月份间种下的铁观音，到当年夏天，铁观音茶株直径粗度达0.3公分即一根筷子粗，高度达15——25公分时，即可开始第一刀修剪了，可下党乡上党村的一名茶农手执茶剪，在铁观音头顶象征性地修剪几下，就舍不得动了。其它茶农也有些不忍心，纷纷问茶技员："茶枝还嫩着呢，留着再长高些吧。不剪行吗？"见此情景，茶技员用手中的米尺从地面往上量好铁观音15公分的高度，一把操起手中的茶剪"喀嚓"一声，毫不客气地将15公分以上高度的茶树剪去，严肃地说："如果不修剪，徒长枝变多，茶树驻芽时间推迟，影响开采时间和质量，并且茶茎粗大，水分太多，影响茶叶制作过程的走水，制作出来的铁观音苦味就浓了，卖不出去的！"一番讲解，茶农们恍然大悟：原来铁观音的幼龄期管理很重要，种下后1——5年内的管理质量，将直接影响到产量、质量和经济效益。

他们纷纷拿出皮尺，量好15公分的高度，狠狠心，下刀修剪。一时间，茶园内响起密集的"喀嚓"、"喀嚓"声。

"像嫁女儿一样"

"我们村出现铁观音销路难，不知道是什么原因？因为没人要，一些茶农只能把铁观音当福云6号茶卖了，希望有关部门能帮帮我们……"这是发在"寿宁在线"网站论坛上的一条帖子，引起了李海波书记的关注。

看完帖子，李海波书记的心一沉，他的眼前浮现出茶农奔忙的身影和无助的愁容。按理，铁观音种下后第二年就可以开采带来初步收益，为什么会出现这种"没人要"的情况？问题出在哪里？村干部和乡镇干部发挥应有的作用了吗？他坐不住了，立即带上县涉农部门人员，直奔托溪、南阳等乡镇各茶村调研。这一了解，原来问题出在部分茶农管理不善，导致采摘的铁观音枝叶过长过大，出现虫眼，质量欠佳，销路不畅。

李海波书记立即召集有关部门人员召开紧急会议，商讨解决方案，由县茶业局强化对茶农的培训，针对疑难，重点解决，并现场"会诊"把脉下药。

一大早，南阳镇下房村陈以田老人就来到村小学。县茶业局人员、镇、村干部一早来到教室里，组织开展乌龙茶栽培管理技术培训，由县茶技员耐心讲解，强化培训乌龙茶幼龄茶园管理技术和主要病虫害防治技术。陈以田老人没读过什么书，这些培训课陈以田以往听过不少，但还是有些云里雾里。叫他问，也问不出什么来，只是焦急地一个劲儿嚷："我的茶叶没人要，怎么办怎么办？"

"别急，大家对铁观音一定要有信心。县委、县政府非常重视茶业发展，今年刚在北京、厦门举办了寿宁高山乌龙茶推介会，影响非常好。现在我们县茶干一斤卖到上千元的就是铁观音，大家一定要掌握好管理、加工技术，茶叶质量好了，大家抢着要呢！"县茶技员耐心地安慰老人和茶农："走，到茶山去，看看茶叶有什么问题。"

陈以田今年75岁，儿女们都出外做事了，老人放不下茶山，留守村里。2008年春，老人听说铁观音价高市好，积极响应县上茶改，将老茶园挖了种下六亩铁观音，也跟着其它茶农一道下肥，施药，可采下来的茶叶却没人敢要。带着疑问，县茶业局人员来到茶山，一看，哑然失笑：老人的铁观音有的"营养不良"，个头瘦小，叶片发黄；有的"生病"了，叶背附着许多假眼绿叶小蝉，长出铁锈红的虫斑；有的个头太高，都蹿到一米多高了！茶园里杂草丛生，茶草混杂。县茶技员一语道出"诊断"结果："茶长成这样，是因为没进行修剪，喷施农药方法不当，没杀死虫子。"

原来，陈以田和村里一部分村民看着铁观音长势好，心里高兴，愣是不顾茶技员的要求，舍不得修剪，将长得"人高马大"的铁观音芽叶采下，因不符合制茶原料要求，再加上虫锈多，自然卖不出去。

茶技员立即拿来茶剪，手把手教陈以田老人修剪，一边现场操作示范，一边讲解技术要点，老人和周围的茶农们慢慢听明白了。茶技员打了个比方："铁观音就象咱家的女儿，养得好了，长得漂亮，提亲的人踏破门槛；要是养不好，哪有人喜欢，自然嫁不出去了！"茶农们发出了会心的微笑。

"现在补修剪，今年不就没茶采了吗？"茶农们充满顾虑。茶技员安慰说："一定要修剪，不然茶青不符合要求，再多也没人要。现在修剪了，夏季管理好，到10月份就有少量秋茶可以开采，明年这个时候，就有大把茶叶采，不用发愁了！"茶农们放下心来，陈以田连连点头："今天总算听明白了！我的养老全靠这些茶，管理好了，就不用担心晚年生活无靠了！"

四进安溪引茶企

随着乌龙茶种植工作的有序进行，寿宁县委、县政府开始着手引进茶企，培育龙头企业，带动当地茶产业发展。为此，李海波书记、雷仕庆县长等县领导风尘仆仆四进安溪。

2007年9月底，李海波书记再次来到安溪。在与安溪县农茶局人员及安溪客商的座谈会上，李海波书记诚恳地说："我这次是为寿宁茶业而来。寿宁县的茶业发展基础很好，早有种茶经验，但要全面发展还需要技术与资金的支持。寿宁的生态环境极佳，海拔与安溪茶山相近，土质适合，常年多雾，非常适合种茶。我相信，安溪与寿宁之间一定会有一个双赢合作。大家有什么想法，今天我们一起谈谈。"

与会的安溪茶商们早有准备，问了一系列问题，随团的寿宁各部门负责人都一一做了详细的回答。李海波书记不时插入闽南家乡话，座谈会在亲切融洽的氛围中进行。座谈会结束时，李海波书记向茶商们发出了热忱的邀请："我们竭诚欢迎各位有志之士到寿宁实地考察，眼见为实嘛！"

时隔不久，雷仕庆县长带领农业分管副县长吴松兰、县茶业局原局长金向祥等人抵达安溪县。一路上，雷仕庆县长一行考察了安溪县裕发、双秋茶业有限公司的铁观音生产基地、茶企建设。正在泉州忙活的安溪县双秋茶业公司董事长陈建业闻讯也赶到安溪。在下榻的酒店内，雷仕庆县长、安溪茶商林志诚、李景盛、陈建业等人边品铁观音，边洽谈。雷仕庆县长热情坦诚地说："寿宁是一片难得的投资热土，你们尽早过来看看。我们在土地承包、电力供应、种植补贴等方面有很多优惠政策，可以最大限度提供便利。"吴松兰副县长向客商详细介绍了县上引进茶企的政策，目前发展茶产业的环境和县上的许多优惠条件。安溪客商详细了解情况后，表示不日将到寿宁县实地考察，看当地实际情况是否适合种植乌龙茶。当晚，双方进行了愉快的长谈，并就投资事项达成了初步协议。

当年10月初，安溪客商果然如约来到寿宁县考察选点。在寿宁县委、县政府安排下，10月上旬，金向祥带领郭尧福等茶业局工作人员再赴安溪，与安溪县裕发茶业有限公司、安溪县双秋茶业有限公司董事长、总经理等人再次洽谈，明确县里的优惠政策，初步对接洽谈项目。

12月，雷仕庆县长带领金向祥等人赶赴安溪，经过详细洽谈，最终与裕发、双秋达成协议，将签约项目敲定下来。12月10日，安溪县双秋茶业有限公司与寿宁县政府正式签订合同。一个月后，安溪县裕发茶业有限公司同寿宁县政府签订合同。两个月时间内，两家安溪茶企分别投资注册了"寿宁县双秋茶业有限公司"和"寿宁县裕发茶业有限公司"。

寿宁县裕发茶业有限公司和寿宁县双秋茶业有限公司是两家乌龙茶大型示范性企业。目前，两家公司分别在清源乡日洋铺村和犀溪乡路口桥村建立了300多亩铁观音茶叶示范基地，集乌龙茶铁观音种植、生产、加工、销售、培训为一体，以"公司+基地+农户"的模式，引导、示范、带动群众种植发展乌龙茶，成为寿宁县连接农户与市场、带动群众发展的重要桥梁和普及推广乌龙茶加工、种植技术的重要依托和载体。

雨中选点

2007年10月1日早晨，随着国庆长假的到来，寿宁县茶业局副局长郭尧福准备带上儿子到福州玩几天。县茶业局局长的一个电话让郭尧福的计划泡了汤："老郭，不能去福州了，县里有客人来，你马上跟我一起去下乡。"郭尧福一把抓过一把伞，在瓢泼大雨中出了门，后面传来妻子不满的唠叨声。

来到县委大院，郭尧福看到李海波书记正跟来客谈笑风生，原来是安溪县裕发茶业有限公司的林志诚董事长、李景盛总经理等人来到寿宁考察选点。

车子冒着大雨驶出大院，李海波书记亲自带队，一行人先后来到大安乡后西溪村、犀溪乡大王前村路口桥一带、斜滩西山茶场、平溪乡环溪村后山一带、芹洋乡茶场和新坑尾村茶场、南阳镇下房村、清源乡日洋铺村等地，仔细察看各地的海拔、坡度、土壤条件等，进行比对选点。每到一处，由当地乡镇有关人员陪同介绍，由熟知茶情的茶业局人员详细介绍各个乡镇茶叶发展、土壤土样结构等情况，供安溪客商作为参考。

在此行首站——大安乡后西溪村狭窄的机耕路上，大雨倾盆，下个不停，路面泥泞难行，车轮陷在泥涡里直打滑，无法上坡。李海波书记和大家一起下车，一行人冒着大雨合力推车，在雨鞭抽打中很快淋成了落汤鸡，鞋子裤腿上满是泥巴，雨水粘着头发往下流。在一阵阵"嗨，嗨，加油！"声中，林志诚坐在驾驶室里紧把方向盘，经过一个多小时的努力，终于将三部小轿车推上了坡，在开阔处掉头，然后小心翼翼继续行驶。大伙坐在车上，心里却是同一个担忧：寿宁山地路况这么不好，能留得住安溪客商吗？

到达后西溪村，林志诚一行察看后不久当即掉转车头。李海波书记说："没关系，多看几个点，选择立地条件好的地方好种茶。"察看了其它几个点后，一行人转点前往清源乡日洋铺村。

此时大雨转成小雨，来到山头，只见地势开阔，重峦起伏，山谷幽深，远山雨雾连绵，雾霭低徊，丛林中飘过丝丝缕缕的云汽，满目绿郁，空气清冽。林志诚深吸了一口甘润的空气，详细了解这里的海拔、土壤情况等。李海波书记问："看了这么多点，喜欢哪里？"林志诚脸上露出满意的笑容："就定这里吧。其它点不用看了。"选点跑了三天，林志诚终于"情定"日洋铺，大伙的心放了下来。原来，日洋铺虽然海拔高达940——980米，但坡度平缓，气候、土壤等条件十分适宜种植、生产品质上乘的铁观音，这与裕发茶业公司追求上乘品质的理念不谋而合。

而就在此前的几天，安溪县双秋茶业有限公司董事长陈建业前往寿宁县考察，李海波书记、雷仕庆县长带领人员一起从寿宁县赶到福安高速路口迎接，与陈建业一起到各乡镇选点，让陈建业董事长十分感动。经过考察比对，陈建业董事长对犀溪乡路口桥一带情有独钟，确定了在路口桥村发展铁观音生态基地及投资办厂。

一次打赌

虽然选点确定，但安溪茶商们心里还是没底。2007年10月，安溪县裕发、双秋两家茶业公司人员在多次考察的基础上，再次来到寿宁县，决定进行一次寿宁铁观音茶试制，看看寿宁乌龙茶的品质到底如何？

这次参加试制的除了裕发、双秋两家茶业公司人员，寿宁县农业分管副县长吴松兰，县茶业局工作人员，还有来自安溪的那名大学生茶农陈师傅。一行人以取自寿宁县斜滩镇西山茶场苗圃基地的铁观音鲜叶为原料，在斜滩天福缘茶厂内进行试制。茶叶制作出来了，一行人当场冲泡品尝，连称"不错，不错"，茶叶香气扑鼻，口感与安溪铁观音十分接近。

次日，试制的铁观音样品一部分被送到安溪进行比对，另一部分被送到寿宁县城，请县上领导与县茶业局专家进行比对。试制的茶样不编号，与另一份安溪铁观音茶样一起，被送到李海波书记的案头。门内，县委一班人开始分别冲泡品茶，门外，林志诚和郭尧福开始小声打赌。林志诚肯定地说："这两种茶没编号，李书记肯定不知道哪一种是安溪的，哪一种是寿宁试制的。"郭尧福摇摇头，也肯定地说："李书记常喝安溪茶，肯定分辨得出寿宁与安溪的茶。毕竟试制的铁观音还带着少许寿宁地域味。"

李海波书记端起茶杯，分别认真喝了几口，咂咂嘴，十分肯定地指着其中一道茶样大声说："这泡虽然是寿宁制作的，味道还不错。"他高兴地盼咐："快叫雷县长过来一起品好茶！"雷仕庆县长闻讯赶过来，举杯细细品了几口，脸上笑成了一朵花："很香，果然好茶。"一时间，办公室里一片热闹，大家喝过茶后均觉神清气爽，"好茶"声、笑声不断。

门外，郭尧福朝林志诚丢个眼神，得意地笑了。

来自低海拔乡镇斜滩镇试制的铁观音品质尚且如此优良，可以想象，来自寿宁高海拔地区的铁观音品质将更加优异。首次试制"探路"成功，安溪客商们稍稍放下心来。选点确定后两个多月，裕发、双秋分别成功落户寿宁。

张天福的祝福

　　2008年3月26日，金向祥和郭尧福到福州看望中国茶界泰斗、著名茶学专家张天福先生，并带去了寿宁乌龙茶、红茶、绿茶共13个茶样，向张老请教寿宁县在制茶过程中存在的缺点及改进方法。

　　对于寿宁县，张天福老人有着一份特殊的感情，并与寿宁茶产业发展结下不解之缘。

　　张天福出生于1910年8月，历经世纪风雨坎坷。上世纪50年代，在福建省农业厅工作的张天福由于被错划为右派，于1970年被下放寿宁县犀溪乡练功坪自然村参加劳动锻炼，之后被安排在县茶业局工作。当时寿宁县在武曲镇龙虎山国营茶场建立丰产茶园，并在茶场安置一批知识青年，让他们学种茶与制茶，正需要一位茶业专家做指导，因此，张天福被派驻龙虎山茶场并受到干部职工的欢迎。

　　这十几名知识青年在张天福的带领下，经常泡在茶山，学习茶园的管理和采茶、制茶等。他们常常到张天福的宿舍来，大家挤坐在床板上、门槛上，向张天福请教问题，讨论心得，张天福成了他们的良师益友。在龙虎山茶场工作期间，张天福带领这些知识青年和茶场职工推广科技成果，改造低产茶园，建立丰产茶园，培养职工，引进54式揉茶机设备，改进制茶工艺，使该茶场茶叶单产、质量、售价名列全省第一。

　　在寿宁下放期间，张天福还负责当地多个乡镇的茶叶生产指导工作，由于一些乡镇之间不能通车，只能步行，他常常在一个村工作一天后连夜徒步赶往另一个村，以便第二天的工作可以照常进行。

　　在寿宁，张天福工作生活了整整九个年头，为寿宁精心培养出一批批制茶能手，有力提升了寿宁茶叶的产量和品质。1979年，张天福终于落实政策调回福州，1980年平反，当年三月他的退休申请得到批准，被省农科院聘请担任福建省茶叶研究所的顾问。

　　在那些难忘岁月里，张天福与寿宁结下了深厚的感情，寿宁成了张老的

第二故乡。回到福州后，他对寿宁的发展情况总是特别关注。每当听到有关寿宁消息时，张老总是关切地问这问那，十分留意。当张老了解到寿宁新一届县领导班子成员立足优势，发展茶产业，实施茶改"一号工程"，致力打造闽浙边界生态新茶乡时，十分高兴。他指出："寿宁地理环境十分适合铁观音生长，发展乌龙茶大有可为。要生产精品，但更要考虑大众化的消费市场，要让好茶走出深山，走向更多的消费群体，开拓大市场。"

说着茶，张老的眼前浮现出碧绿的茶园，浮现出知识青年们年轻的身影和飘荡在青春岁月上空的茶香。多年前那段热血沸腾而又带着时代灰色烙印的知青岁月穿过光阴的尘封来到面前。他抑制不住心中澎湃的浪潮，激动地提起笔，凝神写下："建设新茶乡，造福寿宁县"十个大字，祝福寿宁。

这幅珍贵的墨宝，至今一直被寿宁县茶业局工作人员精心保存着。

位于武曲镇塘洋村的寿宁县春伦茶叶有限公司

位于清源乡日洋铺村的寿宁县裕发园乌龙茶生态基地

百年乌龙又逢春

  2010年11月，第四届海峡两岸茶博会在武夷山市举办。此次茶博会上，寿宁县荣获"福建十大产茶大县"称号，这是继2009年在第三届海峡两岸茶博会上获评"全国重点产茶县"称号以来，寿宁获得的又一张金质名片。

  惊喜还在延续。2011年11月25日——27日，第五届海峡两岸茶博会在武夷山市举办。寿宁县组织县内十多家茶企到会参展，其参展规模为寿宁县参加历届茶博会最大的一次。茶博会上，寿宁高山乌龙茶、高山红茶获得海峡两岸领导嘉宾的一致称赞和高度评价，名气倍增。

  古筝传韵高山流水，碧叶抒怀两岸飘香。茶的盛宴上，寿宁高山乌龙茶、高山红茶的幽异醇香令人难以忘怀，久久回味。

位于南阳镇的福建天禧御茶园茶业有限公司

位于武曲镇的寿宁县龙虎山茶场

许多个"第一"

2008年是寿宁县打造闽浙边界生态新茶乡的开局之年。全县认真落实县委十一届六次全会的部署，发展以铁观音、金观音为主要品种的乌龙茶种植生产基地。通过资金补助、引进龙头企业示范等措施，茶农种植发展乌龙茶的积极性被激发出来。这一年，寿宁县茶产业史上出现新突破，许多个"第一"，改写了以往绿茶"一统天下"的单一格局。

2008年1月份，茶叶综合改造项目首次被列入寿宁县为民办十件实事项目中，之后，茶叶改造作为寿宁县一大民生项目，每年都被列入县为民办实事的项目盘子中。

2008年春季，寿宁县乌龙茶种植面积首次突破千亩，武曲、南阳、犀溪、清源、下党、斜滩、大安、竹管垅等八个乡镇共种植以铁观音为主的乌龙茶1620亩，所种茶树长势良好，10月份即有少量秋茶采摘，茶改工作进展顺利，初见成效，为2008年冬季完成5000亩的改植任务奠定了良好的基础。

2008年1月份，寿宁引进安溪客商投资创办的乌龙茶示范企业——寿宁县裕发茶业有限公司注册成立。此前一个月，另一家安溪客商投资创办的寿宁县双秋茶业有限公司成立。两家公司建立铁观音茶叶示范基地，以"公司+基地+农户"的模式，引导、示范、带动群众发展乌龙茶。

2月份，县茶业局分别在大安、南阳、下党、斜滩开办了全县首批四期铁观音茶树种植技术培训班，培训两百多人，发放《铁观音茶叶种植技术》资料两百多份。全县工作重心下移，工作人员深入农村第一线，在茶园开垦、茶苗调运、茶园验收、茶树栽培等方面提供全程技术服务。

3月份，县茶业局组织专家、技术员到各乡镇开办乌龙茶管理技术培训班，以确保新植茶苗早成园、早投产、早收益，引导推进茶叶结构调整。7——8月份在南阳、托溪等乡镇开展茶树病虫害防治培训班五期，培训一千多人次，提高了茶农的管理技能。

4月份，春茶开采以来，寿宁县有"御茶园茶业有限公司"、"春伦茶业有限公司"、"天福缘茶厂"、"西浦茶厂"及"清源里洋仔茶叶示范场"

等多家企业利用"金观音"、"黄观音"、本地菜茶等品种的茶青生产加工红茶,寿宁茶业格局首次大幅出现红茶产品。

5月份,寿宁县派送了首批18名企业人员和乌龙茶种植大户分别到安溪县祥华乡珍山村和长坑乡珊屏村的八家茶叶加工厂进行跟班学习,参与茶叶制作,掌握加工技术。10月份又在斜滩镇开办了一期茶叶加工技术培训班,重点推广乌龙茶加工技术。

6月份,下党乡上党村村民吴水旺从安溪县购进一整套乌龙茶制茶设备,建成乌龙茶加工厂,带动上党村乌龙茶种植。这是继2007年10月"天福缘茶厂"添置了部分乌龙茶加工设备、完善生产线后,寿宁县真正意义上的一家乌龙茶加工厂。7月份,位于清源乡南阳仔村的另一家茶叶加工厂跟进购置了一套乌龙茶加工设备,进行秋茶试生产。至2011年底,全县茶叶加工厂迅速发展至364家,其中新增茶叶加工厂32家,新增乌龙茶加工生产线105条。

10月份,寿宁县裕发茶业有限公司和双秋茶业有限公司的生态茶叶基地打顶采摘,并开始生产加工乌龙茶,寿宁县铁观音茶叶生产实现零的突破,对全县茶产业的发展起到了示范、带动作用。

10月份,中国茶界泰斗、著名茶学专家张天福为寿宁"裕发园"铁观音题词:"裕发茶叶,香飘四海",寿宁乌龙茶首次获得张天福先生亲笔题写的墨宝。

12月,寿宁县首家茶叶专业合作社——竹管垅雾香茶叶专业合作社成立,次年,福达农民茶叶种植专业合作社成立。茶叶专业合作社是寿宁县委、县政府大力倡导组建的一种新型农村经济组织,是寿宁县在茶叶组织管理模式上的又一次积极探索。在这两家茶叶专业合作社的影响带动下,其他乡镇也开始积极筹建茶叶组织。2010年全县茶叶专业合作社发展到25家,2011年底又发展到五十家。本着"进出自由、民主管理、方式多样、互利共赢"的原则,茶叶专业合作社的社员们在合作中结为利益共同体,以市场为导向,把茶叶的生产、加工、经营等环节联结起来,不断降低成本,提高品质,增强对接市场、应对竞争的能力,推动茶叶经济发展。

……

来自寿宁县有关部门的统计数字显示,2008年,寿宁县投入资金一千多万元,共完成1620亩乌龙茶基地建设,完成7600亩绿茶茶园改造,兴建4家小型乌龙茶加工厂,寿宁打造闽浙边界生态新茶乡实现了良好开局,为进一步推进茶产业发展打下良好基础。

雪中乌龙

铁观音在寿宁的落地生根，不仅经历了茶农思想转变的过程，也经历了铁观音与寿宁地理气候"磨合"的一个过程。

2008年冬季，寿宁县各乡镇乌龙茶种下后第10个月。

连日来，气温逐节下降：3℃、2℃、1℃，0℃！李海波书记的一颗心提到了嗓子眼上：一场对铁观音的严峻考验开始了！

天寒地冻，严寒逼人。新垦挖的黄土里，一株株矮小的新茶承载着人们浅浅的信心，在一道道质疑的目光中，迎着凛冽冷风楚楚挺立。夜晚的时候，天空开始飘起纷扬的雪花，尽管之前已召开多次会议召集相关部门就防寒防冻工作进行有关部署，李海波书记仍放不下心头的牵挂，一个个电话打往县上分管领导和茶业局、农办等部门负责人，了解茶园防寒防冻措施落实情况，以及各乡镇乌龙茶生长管理情况。

雪花越来越密，一场罕见的大雪降临。次日凌晨，推开窗户一看，啊，河流山川一夜之间白了头，四处粉雕玉琢，琼楼玉宇，厚厚的冰雪覆盖着大地。闽南一带鲜有下雪，欣赏雪景是一件令人惬意的事情，然而，李海波书记忧心忡忡，他的双眉又紧紧锁在了一起：铁观音，你们行吗？千万要挺住啊！这可关系到全县发展茶产业的信心和未来啊！

"快，跟我一起去看看茶冻坏了没有！"一大早，李海波书记带上县茶业局人员，来到寿宁县乌龙茶基地中海拔最高的清源乡日洋铺基地察看。雪雾象凝固的纱一般挂在远山，晶莹的冰雪象给茶树穿上了厚厚的羽绒服，李海波书记俯下身，用手拨开冰雪，眼前一亮：雪下露出了青翠硬实的茶叶，仿佛在对李书记说："放心吧，大雪压不倒我们，这点冷我们不怕！"新改植的铁观音并没有如他所担心的一样冰伤倒苗蔫软，而是以顽强的生命力在冰雪中傲然挺立倔强生长，安然无恙，他的脸上露出了欣慰的笑容，连连感慨："好样的，铁观音！你们可都是雪中的英雄，堪称雪中青啊！"那洁白雪野中凝烟含翠的茶园，是李海波书记那年冬天看到的最美的风景。

正是这场大雪连同整个冬天的冰霜严寒，杀灭了茶株上的虫害，铁观音经受住了严寒的考验，克服了"水土不服"，茁壮成长。令人惊喜的是，由于寿宁山高雾浓露重、阳光充足、雨量充沛，海拔、纬度等自然条件适宜铁观音生长，而根系深入沙质土壤与生长周期长又恰是乌龙茶质量好的重要因素之一，在这里安家落户的铁观音植株矮壮，叶片肥厚，所制的乌龙茶品香气高远、茶水甘甜、持久耐泡，独具特色。

"种得不错，大有希望"

铁观音的种植管理情况一直牵动着县上决策者的心，寿宁县委、县政府主要领导经常深入茶园基地、茶企生产现场，研究问题，提出整改意见，狠抓落实。2009年5月，时任寿宁县县长雷仕庆又一次带领茶业局、农办等部门人员，来到竹管垄乡李家洋村，察看铁观音种后管理情况。

这一看，雷县长的脸色由晴转阴：铁观音茶树上满是虫害，什么假眼绿叶小蝉、茶尺蠖等虫子正趴在叶片上，贪婪地吮吸着汁液，生病的铁观音蔫蔫地，无精打采。雷县长又痛心又生气："这样子管理，怎么会有效益？真是浪费资源和钱财！"他严厉批评了村干部，要求立即采取措施，治理虫害，加强管理。

雷县长语重心长地对身边的工作人员说："茶产业发展关系到全县农民的生计问题，而如何管理茶园是态度问题。干部们一定要认真对待，在村里起带头作用，群众才会重视茶园生产管理。铁观音的质量才会上得去啊！"

到了犀溪乡路口桥，雷县长察看了铁观音生态基地，来到双秋茶业公司内，看到工人们在车间内忙碌，闻着飘来的阵阵茶香，雷县长脸上露出了笑容。他端起茶杯慢慢喝了几口铁观音，高兴地说："这是我喝到的真正的寿宁乌龙茶，寿宁终于有自己的好茶了！"他兴致勃勃地与乡政府、双秋公司人员一边喝茶，一边谈论茶业发展，不时舒怀大笑。

在大安乡鸡公坪村，雷县长看到茶园内一行行茶树生机盎然，绿意满眼，看得出是经过精心管理的，十分高兴。他询问了村干部一些生产问题，当了解到办厂存在一定的资金问题时，雷县长表示："没问题，政府支持你们一套乌龙茶加工设备，你们放心干！"

随后，雷县长又来到大安乡洋洋村茶基地。由于山路崎岖难行，雷县长下车步行，走了半个多小时才到。虽然走得气喘吁吁，但沿途的茶园景致让他心情舒畅，连连说："不错，种得不错，大有希望。"

权威的品鉴

明媚的阳光洒满波涛般起伏的山峦，丝丝缕缕洁白的雾霭在远山近树间弥漫低徊，青黛的山色、翠绿的新茶，笼罩在一片漂渺流动的高山雾气中，恍如人间仙境。林志诚深吸了一口清爽鲜灵的空气，深深沉醉在满山茶树隐约的芬芳中。

象这样在云端闲适而充满乡情的漫步，与其说是检阅，不如说是欣赏。林志诚每天早晚都要在茶园基地中留连忘返。如果不是助手提醒，他几乎忘了这是在海拔近千米的寿宁县清源乡日洋铺村的裕发生态乌龙茶基地，一个离家乡安溪五百多公里远的地方。

当初为什么选择了在清源乡日洋铺村落户？林志诚的答案是：高海拔，原生态、环境好。他的选择不无道理。都说"奇峰幽谷育奇茗"，日洋铺村僻居幽奇峻秀的洞宫山麓，平均海拔高度965米，山青水秀，云雾缭绕，雨量充沛，气候温和，土壤呈微酸性，是适宜茶树生长的天然福地。

尽管之前作了全面、细致的考察、论证，并且第一次试制茶叶取得成功，但寿宁县裕发茶业有限公司正式落户后，公司董事长林志诚对产自高海拔地区铁观音茶叶的品质如何总觉心里没底。2008年10月，年初种下的三百多亩铁观音已有少量可以采摘了，林志诚进行了第二次铁观音产品试制。

这次的产品经过我国茶学界权威张天福老人品鉴后，更加坚定了林志诚在寿宁发展乌龙茶的决心。

这次试制，就地取材，采用产自日洋铺村裕发茶业生态基地的铁观音鲜叶制作。在生产车间，林志诚亲自动手，和制茶师傅一起进行了全程操作，花两天时间制作了首批八十多斤铁观音产品。他分别取了两泡与寿宁县茶业局专家人员一起品味，发现其外形、香气、口感等方面俱佳，堪与每斤售价两千多元的安溪铁观音相媲美。

这批茶样被送至省城参加名优茶评比时，获得优质奖。之后，林志诚和县茶业局人员一起将茶样送到张天福府上，请张老评鉴。因年事已高，张老的评茶室就设在家里，他将茶样拿到评茶室，严格按照程序对茶样的外形、内质两大方面进行评审，就茶样的条索、整碎、匀度、色泽、香气、滋味、汤色、叶底等方面进行了详细打分。打分表显示，茶样的外形、内质综合得分均在高分行列。

林志诚问："张老，寿宁这种环境下生产的茶叶怎么样？寿宁适不适宜生产铁观音？"张老将"裕发园"牌铁观音与安溪著名品牌"魏氏"铁观音比对后，认为寿宁十分适宜生产铁观音，并且寿宁生产的铁观音在色、香、韵、味等方面都具备了高档铁观音的品质。看到自己生活工作过的地方生产出了好茶，张老十分欣慰和愉悦，他来到书房，欣然提笔题下"裕发茶叶，香飘四海"送给林志诚。张天福老人十分关心裕发茶业的发展，鼓励林志诚把企业做强做大，带动寿宁茶业发展，把寿宁高山生态乌龙茶推向全国乃至全世界。

茶产品得到张老的认可，证明茶叶品质完全过关，至此，林志诚才彻底放下心来，更坚定了发展寿宁高山乌龙茶的信心。他将自己在安溪同时经营的医药超市、花篮公司等业务放下，全身心投入寿宁的乌龙茶事业中，除了春节回家外，大部分时间都在寿宁县裕发茶业有限公司内忙活。逢春茶旺季，林志诚每天早上五点多就来到茶基地，既当老板又当工人，做好工作安排、茶青收购、制茶监督等各项工作，晚上12时许才回家休息。2011年5月底，春茶采摘制作一结束，林志诚就开始着手筹备建设冰库，并在原有三套铁观音制茶设备的基础上，于8月份再增加两套，扩大生产。

2009年6月，趁赴福州参加6.18福建项目成果交易会之际，寿宁县裕发、双秋茶业公司和龙虎山茶场负责人来到张天福府上，请张老评茶并进行指点。这次，张天福邀请福建省农科院茶叶研究所原副所长、高级农艺师张方舟教授来到家中，在评茶室一起对茶样展开评审。

山高雾浓露重的地理优势，加上多道生态标准"把关"，寿宁"裕发园"牌、"双秋"牌高山乌龙茶、"梦龙春"牌红茶得到张天福先生的充分肯定和赞誉，赞其具有"甜、醇、嫩、香"的一流品质。

裕发、双秋的信心

华灯初上，夜色迷离。我们可以循着茶香，来到裕发或双秋公司的茶座，品一杯醇厚甘鲜、馥郁若兰的寿宁高山生态乌龙茶。色泽砂绿清透的茶水中浓缩着山岗灵气、日月精华、烟霞雨露之神韵，令人遐思无穷。

随着好茶香飘，寿宁人改变了以往在家大碗喝茶的习惯，邀上朋友，三五成群，来到典雅精致的茶座品茗聊天，在茶香缭绕中让话题海阔天空。喝茶成了一种高雅的享受。如今，走在寿宁县城，不时有茶香从各茶庄、茶座飘出，引人驻足品味。

从落户寿宁伊始，寿宁县裕发茶业有限公司、双秋茶业有限公司即积极响应寿宁县"打造闽浙边界生态新茶乡"的战略号召，大力推进茶产业发展。公司在建设基地的同时，注重发挥企业辐射和示范带动作用，为周边乡村的茶农免费提供生产、加工技术咨询和培训，以保护价收购辐射区内500至1000亩面积的铁观音茶青，致力带动周边村落的茶业发展，促进农业结构调整，带动农民增收。

在制茶理念及工艺上，寿宁县裕发和双秋茶业有限公司立足寿宁本土，坚持"原汁、原叶、原产地"的生产思路，运用现代与传统相结合的制茶技术，采用天地精华造就的生态乌龙茶茶青，研制开发出臻善完美的寿宁高山生态乌龙茶。公司遵循铁观音茶文化"纯、雅、礼、和"之道，研制出的寿宁高山生态乌龙茶"雅"、"香"系列，在内涵与外延上充分交融茶道精神，使裕发茶系列、双秋茶系列成为陶冶身心的高雅文化享受不可或缺的载体。茶叶销往北京、上海等地，市场不断拓展。2009年11月，在宁德市举办的"茶博会"上，以裕发、双秋茶叶为主的"三言堂"寿宁高山生态乌龙茶，被指定作为茶博会礼品茶，受到海峡两岸嘉宾客商的交口称赞。

随着奇茗飘香，寿宁县裕发茶业有限公司和双秋茶业有限公司生产的茶产品分别在省、市级茶叶赛事中多次获得各项殊荣。其中，在2010年6月宁德市第四届茶王赛暨茶叶包装评比活动中，由寿宁县裕发茶业有限公司生产的"裕发园"铁观音荣获乌龙茶类"茶王"称号，寿宁县双秋茶业有限公司生产的"玉之音"铁观音荣获金奖；裕发茶业制作的"寿宁高山乌龙茶"茶叶包装获得二等奖；裕发、双秋茶叶精品还分别获得名优茶奖、省优质茶优质奖等。如今，寿宁县裕发茶业有限公司和寿宁县双秋茶业有限公司生产的高山乌龙茶都有了较高的品牌知名度，茶叶饱受消费者的青睐。

依托目前各自建成的三百多亩铁观音生态基地，2010年底，寿宁县裕发、双秋茶业公司乌龙茶产量均达四千多公斤，产值各达八百多万元，与2009年相比均大幅提高。"随着生态基地的茶株不断生长壮大，茶叶迎来采摘壮年期，明年的茶产量将会更上一层楼。"寿宁县裕发茶业有限公司董事长林志诚、寿宁县双秋茶业有限公司经理汪清顺对于寿宁高山乌龙茶的发展满怀信心。随着市场前景看好，裕发、双秋两家公司的发展规模也将进一步扩大。两家公司计划通过五年的发展，分别建设上千亩"闽浙边界生态乌龙茶示范基地"，让寿宁高山乌龙茶成为闽浙边界的茶叶品牌。

摇青三句诀

一架长长的有着许多筛孔的制茶设备静静地展现在学员们面前，上面有各种控制按钮。这就是摇青机了。茶叶进入摇青机后，在按钮的控制下，以不同的转速和力度摇动、旋转，摇青机看起来就像铁观音茶叶的摇篮。

"进行乌龙茶制作加工，要牢记三句诀：第一次摇青，以保青为主；第二次摇青，以保活为主；第三次摇青，以摇香为主。"对于初学乌龙茶制作技术的人，郭尧福归纳出三句诀以便记忆掌握，总的说来就是："青、活、香"。

摇青是铁观音制作技术中最重要的环节，详细解说起来就是：第一次轻摇，设置转速和力度，要摇出一片淡淡的青气，鲜叶保持新鲜，此时鼻子可以闻到一股青气；到第二次摇青，适当加速，摇完后活叶卷起呈汤匙形，膨占空间，摊晾一会儿后茶叶软下去；第三次摇青是重点，一定要摇出花香，此时看具体情况掌握时间，闻到花香即可停机。之后，将茶叶薄摊在水筛上，移入空调间进行轻发酵⋯⋯

寿宁县茶叶生产加工培训班就设在山明水净的清源乡日洋铺村裕发茶业高山生态铁观音基地办公楼上，培训内容是乌龙茶、红茶制作技术，然而在乌龙茶制作技术培训课上，选送自各茶企的技术员听得头都大了，交头接耳："这么麻烦，铁观音真难做，做不了。""不如绿茶好，这边进来那边出去，一两个小时干茶就出来了！"是啊，铁观音制作工序复杂，耗时长，至少要16个小时以上，由于加工方法不同，有的甚至得20——30个小时。部分学员知难而退，勉强上完第一节培训课就悄悄溜走，不见了身影。

三张薄薄的铁观音技术培训资料10分钟就可念完，然而，讲解起来十分费力，一讲就是半天。为了让学员们消化、掌握这些知识，负责培训的郭尧福等人运用实物观察、实地观摩等办法，将学员带到培训班楼下的铁观音制茶车间现场操作讲解，并让学员们动手操作体验，将问题生活化，针对每道工序可能出现的问题逐步讲解改进。学员们怀着强烈的求知欲坚持下来，学得专心，记得用心，每人手上的笔记本记得满满的。一下课，他们就围在郭尧福身边，问长问短，直到弄明白问题为此。

茶叶生产加工技能培训让茶企获益非浅，许多邻县的茶技术员也慕名而来听课，学习乌龙茶、红茶制作技术。寿宁县南阳镇含香茶业有限公司老板叶振潘有着十几年红、绿茶制作经验，上完培训班后感慨良多："以前的红茶我是白做了，根本不符合规范要求。今天听了课，才真正知道红茶怎么做。"原来，以往他在揉捻发酵后即将红茶一次性烘干，听了培训课之后，才知道自己的烘干工序少了非常重要的一道，要分毛火和足干两道工序烘干。揉捻发酵后的红茶，以120℃毛火烘干后，中间要摊晾1——2个小时，降到100℃足干，这样生产出来的红茶颜色乌黑油亮，条索紧实不松散。掌握了这最关键的最后一道工序，如今含香茶叶公司生产规范，生产的红茶就如公司的名字一样，色香味俱全，深受消费者欢迎。

质量兴茶抓培训

产业要发展，提高人员素质是关键。

加强茶叶质量管理，提高茶叶质量安全水平，是促进寿宁县茶产业持续、健康、有序发展的根本保证。在发展茶产业进程中，寿宁县牢固树立"质量兴茶"理念，注重从种植环节、生产加工环节、市场流通环节上加强监管，加大茶叶技术的培训工作，不断提高茶产业的科技技术含量。

2009年8月18日，阳光明媚，在一阵喜庆的气氛中，寿宁县生态铁观音生产技术培训基地依托裕发茶业有限公司正式成立。2010年寿宁县又先后在具备良好条件的双秋茶业有限公司、天池峰茶业有限公司分别建立了乌龙茶生产技术培训基地；在龙虎山茶场建立红茶培训基地，提升茶叶质量水平，提高茶叶生产效益。

为促进乌龙茶生产、加工、销售产业化发展，在发挥龙头企业示范、帮扶作用的同时，寿宁县采取"走出去"和"请进来"相结合的方式，加大技术培训力度。2008年以来，寿宁县派送了18名茶企人员及乌龙茶种植大户前往安溪的八家茶厂跟班学习乌龙茶加工技术；各个培训基地的设施建设不断完善，目前这些培训基地均配置了教学课桌、教学仪器等设备，具备了生产管理、加工技术演练，以及食宿等条件，现在每个培训基地每次可接纳参训学员50名。

从2008年初至2010年底，寿宁县共举办各类茶叶生产加工技能培训班两百多期，培训一万多人次，实现了生产加工技术人员每村配备三人以上，并在全县203个重点产茶村配备了村级茶技员166名。2011年初，寿宁县《2011年茶产业培训项目计划》出炉，培训内容除了原有的栽培、生产加工技术外，还拓展至茶叶评审与检验、茶叶市场营销、无公害及生态茶园建设、茶叶质量体系建设监控等范畴。一年来，培训人数达5000多人次，同时通过印发技术资料、送书下乡、现场指导等形式开展科技下乡活动；全县积极开展农残降解、茶树病虫害的防治工作，召开茶叶质量分析会，茶业局工作人员深入各乡镇，进行农残降解、茶树病虫害的安全用药技术指导，并通过电视、网络等宣传安全用药知识，印发宣传资料3000多份。

茶叶技术服务和培训机制的完善，有力地提高了寿宁茶叶的种植管理、生产加工水平，提升茶产业发展。

制茶技术大"PK"

2010年9月30日凌晨五时许，寿宁县鳌阳镇高山御品源茶业专业合作社的技术员范森起了个大早，从茗溪住所来到鳌阳镇，与准备参加寿宁县首届乌龙茶制茶能手比赛的其它选手一道集合。在县茶业局工作人员的带领下，选手们来到位于清源乡日洋铺裕发茶业高山生态铁观音基地的比赛主会场。

在赛前短会上，工作人员将此次首届乌龙茶制茶能手比赛的规则做了详细说明。首届乌龙茶制茶能手比赛时间为9月30日——10月2日，共有来自全县各乡镇的28名乌龙茶制茶好手参加赛事，共同切磋PK乌龙茶制作技艺。

制茶能手比赛分技能操作(30分)和成品质量评定(70分)两部分。制茶过程中，为保证鲜叶的嫩度，基地的负责人在比赛的两天时间里，分别向当地茶农收购三百多斤鲜茶青，分发给参赛选手，随后选手们现场操作，开始比赛。参赛选手按抽签序号在统一场地和设备上进行制茶，赛事组委会组织专业技术人员现场评比打分，并邀请公证处人员全程监督和公证。选手现场制作完成后，立即交由公证人员对号封样。由赛事组委会聘请省、市茶叶专家，对封样的成品质量进行评定，专家们从色、形、香、味等方面按标准进行严格品评、打分。之后将现场技术评比分数和封样成品质量分数两项综合打出总分，评定名次。

按程序，范森抽了签，一公布，是四号。经过登记和划分，范森来到位于天池峰茶业有限公司的另一比赛分会场，在工作人员安排下开始乌龙茶制作。据了解，乌龙茶为轻度发酵茶，经萎凋、摇青、杀青、重揉捻、团揉，最后经文火烘干制成。茶形如球状，色泽深绿，汤色鲜活，醇甘清爽，香气高扬，回味无穷。

比赛严格按照铁观音制茶工序各个流程进行。当晚，范森就住在比赛会场，次日接着制作。历时24个小时后，范森的铁观音制作完毕，茶样由工作人员密封，用封签封好，与其它参赛选手的茶样一起，被送往县城，由省市茶叶专家小组进行评审。

走出比赛车间，范森长舒了一口气。他仔细回想了一遍自己的比赛过程，确定整个过程没有什么纰漏，哼着小曲独自回家了。

范森原本在建设工地打工，从事过钢筋工、电工等行业，2009年的一天，他的朋友打来电话："县上发展茶产业，还免费培训技术员呢，很多人都去了，咱们一起去参加吧，多学点东西！"抱着试试看的心态，范森与朋友一起报名参加了乌龙茶生产技术培训班。为了多学到技术知识，范森跟伙伴们一道吃、住在培训班，白天与全班四十多名学员一道听课，向老师请教问题，晚上就住在集体宿舍里，与同学一起到楼下的生产车间观摩学习。睡觉前学员们还进行沟通交流，谈各自的学习心得和以后的打算，宿舍里一片欢声笑语。好记性不如烂笔头，理论学习、现场观摩、实际操练等各种各样的笔记，范森记了厚厚的三大本。

通过一年多的学习，范森基本掌握了铁观音生产制作技术流程，并加入鳌阳镇高山御品源茶叶专业合作社。2010年上半年，该专业合作社在横埕村高山建设了两百多亩铁观音基地，并以社员参股的形式办起了乌龙茶加工厂，范森成了厂里的技术员，和另一名技术员一道指导工人制作铁观音，培训学习的技术知识派上了用场。

寿宁县首届乌龙茶制茶能手比赛结束后不久，10月5日，全县首届工夫红茶制茶能手比赛在龙虎山茶场进行，20名选手参赛，赛期三天。每名参赛选手从大赛组委会领到二十多斤茶青，开始动手操作。来自寿宁县君山茶业有限公司的茶技员何世良，低头认真进行红茶制作。由于手腕受伤了，何世良本不想参赛，在龙虎山茶场场长等人的鼓励下，他报了名，带伤参赛。

10月18日，范森接到县上通知，比赛结果出来了，他获得了乌龙茶制作技术比赛一等奖。何世良也获得红茶制作技术比赛一等奖。两人十分激动："学了那么久，总算没白学，没辜负政府下苦心培训咱！"

值得一提的是，在全县首届工夫红茶制茶能手比赛中获得二等奖的凤阳乡基德村畲旺红茶厂厂长雷明双，在2011年11月29日由福建省民族与宗教事务厅、省茶叶学会联合主办的全省首届少数民族制茶能手与名优茶评选大赛中，一举夺得红茶类制茶能手冠军和红茶类名优茶评选唯一金奖，成为此次大赛中的焦点。雷明双以骄人的成绩，对外展示了寿宁县工夫红茶精湛的制作技术和优异品质，也为寿宁县茶业再添一道新景观。

14万元重奖制茶能手

在2010年10月20日晚举行的"寿宁杯"第二届海峡茶艺小姐大赛现场，寿宁县14万元重奖22名制茶能手。首届乌龙茶和红茶制茶能手比赛，产生了一大批"精、专、高、优"的科技制茶人员，分别评出乌龙茶制茶能手和工夫红茶制茶能手一等奖一名，奖金各三万元；二等奖两名，奖金各一万元；三等奖三名，奖金各五千元；优秀奖五名，奖金各1000元，总计给予共14万元的奖励，并分别授予制茶能手证书，成为茶艺大赛现场一道独特的风景。

在一片掌声中，寿宁县首届乌龙茶制茶能手比赛一等奖得主范森和红茶制茶能手比赛一等奖得主何世良上台，分别从颁奖领导手中接过奖牌和证书，别提多高兴了。三万元奖金，除一部分兑现承诺请培训班同学们吃饭外，两人都用其余的购买了制茶设备。

"做茶比我之前打工强多了，有发展前景。往后我的愿望是继续做好茶业技术员，往茶产业方面进一步发展，等条件成熟时筹集资金，自己开办茶叶企业。"对于自己的未来，范森这样规划。

时下，寿宁县各地产茶、制茶、赛茶、斗茶热情空前高涨，形成了你追我赶的大好局面。按照寿宁县委、政府制定出台的《关于进一步促进茶产业发展的若干意见》有关规定，从2010年开始，寿宁县每年在本地茶叶生产加工人员中开展乌龙茶、红茶制茶能手比赛活动，每个乡镇组织乌龙茶、红茶制茶选手各五名以上参赛，分别评出金、银、铜牌制茶能手若干名，分别予以精神、物质奖励，累计三次名列前十名的制茶能手享受县级劳模待遇，同时聘请为县茶叶培训中心兼职教员，月薪1000元；开展评选兴茶惠民好领导活动，评选兴茶惠民好书记、好乡（镇）长、好局长（主任）、好村支书（村民主任）若干名，予以精神、物质奖励；评选乡镇组团参加制茶能手比赛活动组织奖若干名；从经销单位中评选寿宁县茶叶经销大户若干名予以奖励；乡镇一级也开展相应评选活动。

与此同时，县宣传部门通过电视、报刊、互联网、广播等各种新闻媒介开展宣传造势活动，挖掘宣传寿宁特色茶文化，营造全县上下致力发展茶产业的浓厚氛围。

夜半电话

凌晨三点，寿宁大地沉浸在一片沉睡的寂静中。然而，托溪乡一家茶厂内灯火通明，制茶设备发出轰轰的声响，老板柳德家愁眉不展，绕着烘干机送出来的一堆颜色发红的茶叶团团转："怎么办！怎么办？"突然，他一拍脑袋："有了！"掏出手机立即拨打一个熟悉的电话号码。

"叮铃铃……"黑暗中，郭尧福被座机声吵醒，睡眼曚眬："喂，怎么这么迟打电话？你知不知道，再过一会儿，天都要亮了！"柳德家火烧火燎："老郭啊，我的茶叶做坏了，不找你找谁？"郭尧福一下子清醒过来，耐心地解答了对方的疑难问题。

象这样的求助电话，在寿宁各茶厂创办、制茶之初，郭尧福每天不知道要接到多少。许多茶老板在制茶过程中一旦遇到难题，也顾不上夜半还是凌晨，就打电话向郭尧福咨询求救，郭尧福总是耐心讲解。那一段时间，郭尧福难得睡几个安稳觉，妻子对此十分不满。有一段时间，家里夜半电话消失了，郭尧福睡得香。后来才知道，十二时过后，电话线就被妻子悄悄地拔掉了。

夜半电话打不通，求助电话改成白天打往郭尧福的手机。凤阳乡岭后村一家茶厂的简老板打来电话咨询茶树修剪事项："郭老师，怎么计算时间修剪？我们这的秋茶，定什么时候采比较合适？"这电话一聊就是将近2个小时，在简老板连连道谢声里，郭尧福放下电话，发现脸颊发烫，耳朵发红。

"我制作的铁观音颜色发黑，不会翠绿，毛病在哪？"这焦急的声音来自平溪乡长溪村一家茶厂的老板。电话里，郭尧福仔细询问了对方制作过程后分析可能的原因：摇青过程水份未走好，含水量过大；杀青不够老，水份未充分丧失；速包过程中打得太紧，挤压过度导致。针对不同情况，郭尧福分别指导制茶过程中的注意事项，对方认真进行了再制作，果然避免了问题发生。

郭尧福的办公室同时还是评茶室，各乡镇茶企常将茶样送到他办公室，请他品评，指导。一天夜晚，坑底乡地洋村茶厂老板郭正辉在制茶过程中打来电话："郭老师，做青要掌握到什么程度好？"原来郭正辉辨别不清摇青、杀青过程中的不同香气。第二天，郭正辉将样品从地洋村送到郭尧福的办公室，请他评定指正，郭尧福品评茶后，指出存在的缺点及技术上注意事项。

2008年开始，各类茶叶加工厂如雨后春笋冒出，至2010年底，全县茶叶加工厂达332家，家庭作坊一千多家，郭尧福每天都要接到至少十多个咨询电话。而随着加工技术的逐步成熟，电话慢慢少了。"2011年以来好多了，电话明显减少了。"郭尧福说："我是农村出身，一家三代都是搞茶叶的，乐于为他们排忧解难。"

好茶享誉茶博会

俗话说：好山好水出好茶。优良的品种，独特的地理环境，精湛的制茶工艺，使得寿宁高山乌龙茶、高山红茶声名鹊起，享誉第三届、第四届海峡两岸茶博会。

"寿宁高山乌龙茶滋味馨香，真好喝！"2009年11月16 ————18日，在宁德举办的第三届海峡两岸茶博会上，独具特色的寿宁展馆与御茶园专馆毗邻，吸引了人们的眼球。展馆以绿色为主色调，简洁大方，馆内突出寿宁高山乌龙茶品牌系列，展出裕发、双秋、梦龙春、宫山仙蕾等茶叶精品，精美的布局，醇香的茶品，浓厚的茶文化氛围，使得展位前人潮如织，流连忘返。来自各地的客人在寿宁展区前被浓郁的茶香吸引，品茶后发出由衷的感叹。此次茶博会，寿宁县共组织了六家企业五大茶类一百多个品种参加，寿宁展区好茶飘香，茶叶产品得到与会国家、省市领导，专家、来宾的一致好评。

时任福建省委书记卢展工、时任省长黄小晶、省政协主席梁绮萍等省领导在时任宁德市委书记陈荣凯、时任市长陈家东、时任市人大常委会主任林多香的陪同下，对第三届海峡两岸茶博会主展馆进行了视察。卢展工、黄小晶等省领导参观了展馆的各个展区，仔细品尝了寿宁高山乌龙茶，不断点头大声赞其"好茶"情系故土的原省政协副主席陈增光等领导也来到寿宁展区品茶，与有关人员就寿宁茶产业的发展进行亲切交谈；市领导亲临茶展一线逐一品茗观展，调研情况，指导工作，时任宁德市市长陈家东在寿宁县展馆品尝福建天禧御茶园公司生产的乌龙茶后，赞扬该茶"香气足，汤色清澈，好喝。寿宁茶叶品种改造很成功，发展很快。"在茶博会签约仪式上，寿宁县农业分管副县长、茶业局局长分别与瑞雪茶业有限公司、天池峰茶业有限公司等现场签约，签约金额8810万元，可以新增铁观音生态基地五千五百多亩。茶博会后，瑞雪茶业有限公司和天池峰茶业有限公司抓紧建设，分别于2010年下旬建成厂房并投入使用。

茶博会期间，寿宁县还被中国茶叶流通协会评为2009年全国重点产茶县。借助第三届海峡两岸茶博会平台，寿宁优质高山乌龙茶声名远播。茶博会后，寿宁县进一步加大高山乌龙茶基地建设力度，出台促进茶产业发展相关举措，打造乌龙茶精品，进一步提高茶农收入，促进茶业升级，全面打造闽浙边界生态新茶乡。

寿宁高山乌龙茶在第三届海峡两岸茶博会上赞誉有加，在第四届海峡两岸茶博会上更是好评如潮。2010年11月16日——19日，第四届海峡两岸茶博会在武夷山市举办。此次茶博会上，寿宁县荣获"福建十大产茶大县"称号，这是继2009年第三届海峡两岸茶博会上获得"全国重点产茶县"称号以来，寿宁获得的又一张金质名片。

在第四届海峡两岸茶博会上，寿宁县组织裕发、双秋、天福缘等7家企业，首次以"寿宁高山乌龙茶"的统一品牌"成套"参展，改变了以往企业各自为营参展的"散打"模式，寿宁高山乌龙茶也因其优良的品质和独特的韵味而享誉茶博会。福建农林大学教授詹梓金在品尝了寿宁高山乌龙茶后认为，寿宁高山乌龙茶属于清香型乌龙茶，品质非常好，质量相当高，不亚于安溪乌龙茶。北京客商王小姐则连声说好，表示将到寿宁实地考察并采购茶叶回北京销售。24日，她果然践约而至天福缘茶厂……在此次茶博会上，不仅寿宁县荣获"福建十大产茶大县"称号，寿宁春伦茶业有限公司也荣获"福建二十强茶企业"称号，寿宁县武曲镇、南阳镇、竹管垅乡荣获"福建产茶明星乡镇"称号。借力第四届海峡两岸茶博会，"寿宁高山乌龙茶"品牌得到进一步传播，知名度进一步提升，取得了良好的宣传效果。

茶博会为寿宁茶业带来了新的商机。2010年11月下旬，第四届海峡两岸茶博会结束后不久，来自北京、沈阳等地的客商不远千里慕名而至，先后来到位于寿宁县的福建天禧御茶园有限公司、天福缘茶厂、龙虎山茶场等茶企参观考察、采购茶叶，并商讨今后合作事宜，让寿宁茶企业家们进一步看到了发展的希望。

惊喜还在延续。2011年11月25日——27日，第五届海峡两岸茶博会在武夷山市举办。寿宁县组织县内十多家茶企到会参展，其参展规模为寿宁县参加历届茶博会最大的一次。茶博会上，寿宁高山乌龙茶、高山红茶获得海峡两岸领导嘉宾的一致称赞和高度评价，名气倍增。

古筝传韵高山流水，碧叶抒怀两岸飘香。茶的盛宴上，寿宁高山乌龙茶、高山红茶的幽异醇香令人难以忘怀，久久回味。

2010年10月，天福缘茶厂厂长卢明基接受省电视台《发现档案》栏目采访，并教主持人制作茶叶。

第四章

馨香高远美名播

时下，走在寿宁那些标准化生态茶园中，人们看到的是一片绿色怡人的情景：山顶林木葱郁，山腰草木葳蕤，山脚行道树成荫。通过在茶园的山顶和空缺地、道路、沟渠两旁种植树木，在光秃的梯壁留草或种草，在幼龄茶园和未封行茶园行间种植绿肥，形成了"头戴帽、腰缠带、脚穿鞋"的自然生态茶园模式。寿宁县委、县政府组织全县14个乡镇主要领导，茶业局、涉农部门人员、茶技员等，经常深入这些生态茶园召开现场观摩会，更是给生态茶园立村发展带来了前所未有的机遇。

2010年5月26日，时任宁德市委书记陈荣凯在寿宁县调研。

2010年11月20日，时任宁德市市长廖小军在寿宁县调研。

"一号工程"增动力

如果说寿宁县委十一届六次全会的召开,吹响打造"闽浙边界生态新茶乡"的进军号角,那么,寿宁县茶业工作会议的召开,则象一阵浩荡春风,拉开了茶改工作的大帷幕,将茶改工作进一步推向深入,寿宁茶产业步入快车道,腾飞之路就此启程。

2009年11月24日,倍受全县上下关注的寿宁县茶业工作会议隆重召开。《国务院关于支持福建省加快建设海峡西岸经济区的若干意见》为寿宁县茶产业发展带来了良好契机,海峡两岸茶博会更是为寿宁茶业提供了一个优质平台。寿宁县紧紧把握这一难得的历史机遇,县委、县政府因势利导,出台《中共寿宁县委、县政府关于进一步促进茶产业发展的若干意见》(以下简称《意见》),进一步明确以建设闽东北高山生态优质乌龙茶生产集散中心为重点的茶业发展目标和措施方法,成为寿宁县茶业发展的纲领性文件。

这次会议,明确把进一步推进茶产业发展做为寿宁最重要的民心工程、民生工程、"一号工程"的目标定位,确立了未来茶业发展的战略目标:立足现有12万亩茶园优势,按照产业化经营的思路,以建设闽东北高山生态优质乌龙茶生产集散中心为重点,以无公害、绿色食品和有机茶为主攻目标,科学规划,合理布局,分步组织实施老茶园改造,海拔500米以下茶区以改种乌龙茶、红茶、白茶为主,海拔500米以上茶区以种植乌龙茶为主,全面推进茶叶综合改造工程。到2012年,建成乌龙茶生产基地四万亩,其它优质茶类两万亩,保留改造复壮原有品种六万亩,努力形成以乌龙茶为龙头和主打产品,多茶类并举的茶业格局。到2013年,全县茶叶平均亩产值由1500元提高到3500元以上,茶业总产值六亿元以上,茶农人均收入比现有翻一番以上,使茶业真正成为寿宁强县富民的支柱产业。

《意见》从优惠政策、组织保障、品牌打造、市场建设四方面提出了一系列切实可行的新举措,为该县茶业产业化进程增添动力。《意见》在一系列优惠政策中规定:加大资金投入力度。从2010年起,县政府每年多渠道投入茶产业发展资金不少于1000万元，同时成立茶产业发展基金。由县政府提供统一担保，协调涉农金融部门提供茶改专项贷款1000万元以上额度，用于茶农申请贷款改造茶园；持续补助扶持茶改。县财政给予茶园改植新品种补助，从2010年起，改植铁观音的每亩补助700元，改植金观音的每亩补助400元，改植白茶、绿茶的每亩补助300元；扶持茶企发展。每年扶持建设100个以上家庭加工点，给予每套乌龙茶加工设备购置补助2万元，并适当补助上规模的红茶加工企业。此外，《意见》在提高茶技人员待遇，加大技术培训力度，建设茶叶技术队伍，扶持发展茶叶企业等方面均做了明确规定。

为助推茶产业健康快速发展，寿宁县加强组织领导，成立了茶业改造发展工作领导小组，由县委书记担任组长，县长任常务副组长，相关部门为成员单位，下设办公室，由分管副县长任办公室主任，县茶业局局长任办公室副主任，定期召开会议，研究落实茶产业的政策、措施，做好茶产业协调，茶叶公共品牌管理宣传，茶事活动举办等工作；开展挂钩帮扶，每年确定100个重点茶改村，分两年推进，开展"单位挂村，干部挂户抓茶改"活动，全县副处级以上领导、各乡镇党政正职领导等共400人，每人挂钩联系示范户10户，改造20亩以上优质茶园，给予挂钩户技术、信息、管理、营销等方面指导服务；营造发展氛围，从2010年开始，每年开展乌龙茶、红茶制茶能手评选活动，对获奖的制茶能手分别予以相应奖励和待遇；实施品牌带动，组建茶叶企业集团——寿宁高山乌龙茶茶业有限公司，依托"寿宁高山乌龙茶"主导品牌进行集中宣传推介，重点培育打造一批具有寿宁优势和特色的省、市级品牌企业，并予以奖励：获得国家级、省级、市级名牌的分别给予十万元、五万元、一万元的奖励；强化质量监管，整合资源建立县茶叶质量检测中心，指导帮助企业开展无公害茶、绿色食品茶和有机茶的申报认证工作；同时，建设茶叶专业集散市场，在县内建设茶叶商贸城，加强茶叶市场信息平台建设，促进行业自律协作等。

这次出台的《意见》，被当地百姓称为"茶业新政"，四大新举措为茶业"一号工程"提速发展提供保障，增添动力。会上，李海波书记指出，实施茶业富民"一号工程"意义重大，事关寿宁28万人口的生计问题，是寿宁县的产业支柱所在，拥有历史、自然、现实、区位、后发等多方面优势。李海波书记就如何实施茶业富民"一号工程"提出了三点意见：要由一把手亲自抓，负总责；要有一套科学的运行机制；要有一种负重拼搏锲而不舍的精神。

雷仕庆县长对下一阶段茶业工作做了重要部署，要求全体干群认清形势，形成共识，充分认识茶业发展的重大意义，切实抓好《意见》的具体实施，落实茶改工程，改进种植技术，壮大龙头企业，形成有品牌有效益有市场的茶叶产业格局。

好一场及时雨

"好一场及时雨！新政策出台后，我们在技术培训、资金扶持方面得到帮助，我的160亩茶园有希望了！大王前村茶叶有希望了！"2009年12月20日，正在茶园忙着锄草的犀溪乡大王前村村民叶桂春激动地说。而之前由于技术和资金困难等原因，叶桂春打算把家中的茶园卖掉，村中茶农对发展茶业一度失去信心。寿宁县委、县政府一系列扶持茶叶发展的新政策像一股和煦的春风，吹进了大王前村，群众的心暖烘烘的。

大王前村有260多户一千多人口，全村拥有茶园四百多亩，其中叶桂春家种了160亩，茶叶是村中的主打产业。近几年来，由于老茶叶经济效益不好，村中茶农对发展茶业失去了信心，大部分茶农出外打工，许多茶园因无人管理而荒废，几乎成了"野茶园"。叶桂春的160亩茶园，由于无人打理，五分之二茶树都枯死了。叶桂春跟家人商量后，打算把160亩茶园以26万元的价格卖掉，并联系好了买主。

"了解到县里的茶业新政策后，我改变了想法，决心带好头把村里的茶业振兴起来。"叶桂春欣喜地说："作为茶农，群众最关心的是技术和资金方面的扶持。现在可好了，县茶业新政策对这些都做了明确规定，对茶叶贷款做了政策倾斜，我们看到了希望。"叶桂春的丈夫、孩子十分支持她的想法，叶桂春又请了几名工人，一行人忙着给茶园锄草，挖去老茶，垦翻陈土，准备新茶种植。在叶桂春的带动下，村中茶农又拾回了发展茶叶的信心，村中掀起了开垦茶园、准备春种的热潮。

在寿宁县妇联的挂钩帮助下，叶桂春在打理茶园的同时，还积极学习科学技术，培育铁观音茶苗近20万株。在叶桂春带动影响下，村民也跟着培育茶苗近

30亩，为种植新茶做筹备。"茶苗育好后，我打算把枯死的五分之二茶园补种好，并准备投资办厂。"令叶桂春想不到的是，原本打算买下她160亩茶园的安溪客商成为她办茶厂的合作伙伴。"为办好茶厂，安溪我跑了好几趟。准备与安溪客商共同投资，我们提供厂地和茶叶基地，依靠对方的先进制茶技术，共同办好村中的第一家茶厂，方便群众茶叶销售。"叶桂春对兴办茶厂充满了信心。现在，投资千万元的茶厂在村中挺立，成了大王前村的动人风景。

与茶厂同时挺起的是大王前村茶业发展的希望，目前，大王前又有三家茶厂投入生产。

乡贤回归种茶忙

"近年来我在创业的同时一直关注家乡事业，寿宁茶产业发展氛围这么好，我深受鼓舞，计划回乡投资五千多万元，开发一千多亩乌龙茶基地并建设茶厂，带动家乡凤阳茶业发展。"2009年11月22日，准备回到家乡种茶当"茶农"的刘经雄经过福安时，特地定购了一套茶桌茶具，准备放在寿宁县凤阳乡自己的公司办公室内用。刘经雄是寿宁县凤阳乡大石村人，担任上海搏衡餐饮管理有限公司董事长，看到家乡茶叶发展大有可为，毅然回乡成立了寿宁县瑞雪茶业股份有限公司。至2011年10月份，公司的现代化标准厂房建设全面竣工，投资六百多万元，总建筑面积4000多平方米，2012年开春即可实现乌龙茶生产。同时，该公司还投入一千六百多万元，在凤阳乡大石村、福后村发展了两个生态茶园基地近500亩。

乡贤朱建国也是凤阳人，担任香港瑞隆集团投资有限公司董事长，被家乡发展茶业氛围感染，回乡成立了福建瑞隆农业综合开发有限公司，在凤阳乡官田村投资建设"高山乌龙茶种植"项目。项目总投资1650万美元，茶园规划建设面积2000亩，分三期建设。至2011年10月份，已种植了五百多亩高山乌龙茶，茶园的道路建设也已完成。依托"公司+基地+农户"的模式，福建瑞隆农业综合开发有限公司带动了当地农民增产增收。目前，该公司获得宁德市"农业产业化市级龙头企业"称号，经济效益凸显。

座落于清源乡的天池峰茶业有限公司，由广西乡贤张兆英等人共同创办。公司计划投资3160万元，目前已完成投资一千多万元，发展高山生态乌龙茶示范基地两个，占地500亩，建设标准化茶叶加工厂一座，生产线六条，年可加工茶叶180吨，辐射带动清源乡及周边乡镇开发乌龙茶3000亩以上。

……

寿宁县日益浓厚优良的茶业发展环境吸引了在上海、泉州等地的许多乡贤回乡投资创业，一座座矗立的崭新厂房、一道道返乡与茶相伴的乡贤身影，成了寿宁茶改工程大军中一道特别的风景线。

冬种热潮

这是2009年的隆冬，严寒逼人，地处闽浙边界的寿宁，城乡大地却处处热潮涌动。2007年以来，在县委县政府一系列政策扶持、资金扶助下，寿宁县掀起一轮又一轮茶叶改植热潮，茶业新政为茶产业注入了源源不断的新动力，带来强劲的发展势头。

"有了茶业新政策，我们老百姓看到了茶业发展的希望，大家种茶积极性可高了，茶园整得比菜园还漂亮。"连日来，寿宁县斜滩镇茶改动员大会取得了良好效果，村民吴建华表示将带头种下十亩新茶，带动全村茶业发展。2009年底，斜滩镇完成茶园垦复五百多亩，预订茶苗两百多万株，茶改各项工作如火如荼展开，这种情形在寿宁县各乡镇随处可见。

2008年冬季至2009年春季，寿宁县已建设铁观音茶叶生态基地5000亩并初步创下经济效益。2009年冬季寿宁县又迎来了乌龙茶种植开发的新一轮高潮。乘着冬季农闲天气晴好，各乡镇干部进村入户指导新茶种植筹备工作，武曲、斜滩、南阳、犀溪、清源等14个乡镇广大茶农忙着开垦茶园，晒土增肥，订购茶苗，干群发展茶产业热情高涨，加大力度建设以铁观音为主的乌龙茶示范基地，到处洋溢着浓厚的茶业发展氛围。

寿宁县进一步增大资金投入，促进乌龙茶的发展，2009年冬季至2010年春季新种植铁观音、金观音等新品种乌龙茶五千多亩。春节之后，广大茶农抢抓农时，忙着给不久前刚植下的铁观音茶苗施肥，铁观音在新土里迅速扎根，迎着暖阳茁壮成长。

2010年冬，寿宁县新增乌龙茶1.063万亩，其种植规模为历年最大。至2011年5月，寿宁县茶园面积达13.3万亩，其中乌龙茶系列近三万亩。2008——2010年三年间争取到现代茶业项目资金1600万元，全县建立33个标准化生态茶园，面积1.3万亩，其中300亩以上乌龙茶生态基地五个。与此同时，各种茶企如雨后春笋纷纷拔节，继裕发、双秋之后，各乡镇相续涌现出天禧御茶园、春伦、天池峰、龙虎山茶场等一批以生产加工乌龙茶、红茶为主的厂家。寿宁县委、县政府实施"品牌兴茶"战略，出台了一系列扶持、鼓励企业提高产品质量、争创品牌的具体政策、措施、办法，并成功注册"三言堂"商标，以"寿宁高山乌龙茶"为主打造主导品牌。全县各类茶叶加工厂（点）迅速发展，各乡镇随处可见茶企制茶、茶叶远销的喜人情景。这些加工厂（点）的建设，基本满足了全县乌龙茶、红茶、绿茶的加工需求。至2011年9月份，全县茶叶专业合作社达47家，投资总额达7023万元。从2007年底启动茶叶综合改造至2011年3月底的三年多时间里，县金融部门发放涉农贷款额11.19亿元，其中近50%用于发展茶业。

秘密武器

时令进入6月，随着炎炎夏日来临，大片大片铁观音茶树曝晒在烈日下，茶园面临缺水问题。但天池峰茶业有限公司经理吴树清一点都不担心，他有"秘密武器"。在清晨和傍晚时分，他将竖立在茶园中的几个喷灌头拧开，随着阵阵"沙啦啦"的声音，晶亮的水喷洒出来，喷灌头慢慢旋转角度，从不同方向喷射水流，茶园慢慢湿润，茶树上一颗棵水珠在阳光下闪着七彩的光芒。经过"补水"的铁观音，就象刚刚做过美容的女子，容光焕发。

　　吴树清的"秘密武器"就是标准化生态茶园建设。有了秘密武器,在酷暑时节,张兆迁的四百多亩铁观音茶园总是生机勃勃。

　　时下,走在这些标准化生态茶园中,人们看到的是一片绿色怡人的情景:山顶林木葱郁,山腰草木葳蕤,山脚行道树成荫。通过在茶园的山顶和空缺地、道路、沟渠两旁种植树木,在光秃的梯壁留草或种草,在幼龄茶园和未封行茶园行间种植绿肥,形成"头戴帽、腰缠带、脚穿鞋"的自然生态茶园模式。寿宁县委、县政府组织全县14个乡镇主要领导,茶业局、涉农部门人员、茶技员等,经常深入这些生态茶园召开现场观摩会,更是给生态茶园立村发展带来了前所未有的机遇。

　　如今,在全县33个标准化生态茶园中,清源乡日洋铺裕发、天池峰、鳌阳镇梅溪村禾洋生态基地等12个乌龙茶生态基地已建成喷灌或管灌系统,以缓解夏季供水紧张,节省劳动力付出。漫步这些茶园,你会看到:通往基地的道路平整,路边行道树长势良好,茶园护坡上长满茂盛的百喜草,茶树行道间种满绿肥草圆叶决明,有的茶园间隙还铺着稻草,茶园中的空闲地带套种着杜英、香樟、木莲等景观树,在道路交接及陡坡口有沉沙池、蓄水池,管道连接着每亩5——6个喷灌头,茶园后壁挖开了竹节沟,清清水流从沟里汩汩流过。

　　据寿宁县茶业局党支部书记叶允寿介绍,标准化生态茶园建设通过环境改良,生物菌群增多,相互制约降低农残,可谓一举多得:缓解了盲目开荒,修复了生态环境的原貌;减少50%的劳动力支出,降低管理成本;夏季缓解旱情,冬季保持土壤相对温度,化解土壤侵实度,有利于提高乌龙茶鲜味嫩度,提升乌龙茶产品质量;为发展旅游观光茶园打下基础。

信贷绿色通道

　　与此同时,人民银行寿宁县支行积极回应县委县政府部署,部署县内金融部门为茶农开辟信贷绿色通道,为茶产业发展添柴加薪,提供有力的资金扶持,助推茶业发展。

"农户联保基金贷款为我们发展茶业带来了很大的经济效益。有了贷款扶持，我们的茶叶产量、质量都提高了，茶叶销往上海、广西等地，茶农乐开了怀！"2009年11月11日，寿宁县武曲镇桦垅村村委会主任叶世友喜上眉梢。寿宁县农信社在全市率先推出农户联保基金贷款，在2008年以桦垅村为试点成功推行的基础上，于2009年面向全县推广。2009年1月份至2011年6月20日，全县累计发放农户联保基金贷款余额4300万元，惠泽县内14个乡镇的215户茶农。

桦垅村共有一千两百多人口，全村以茶叶种植和茶叶加工为主，是寿宁县名副其实的茶叶村，但生产经营资金短缺问题成了制约茶农发展经济的瓶颈，被县农信社列为试点村。县农信社打好创新牌，为茶农打造信贷绿色通道，创新农村金融信贷服务，推出农户联保基金贷款，即以农户联保+联保基金作为承担信贷风险的贷款形式，为茶农打入"强心剂"。2008年2月，县农信社首次以联保基金五倍的规模，成功向桦垅村茶农发放农户联保基金贷款260万元，至2011年6月20日，县农信社已向桦垅村累计发放农户联保基金贷款达1680万元。有了资金扶持，茶农生产积极性高涨，茶农改造旧茶园，企业引进新设备，提高了整体制茶工艺，村内形成了茶绿满山，茶香千家，茶人在茶厂内外忙碌的喜人景象。目前全村共有茶叶种植面积2680亩，从事茶叶生产经营的企业、个体户达34家，年产干茶267万斤，年产值达1120万元，茶农人年均收入6500元。该村也以10多年来不良贷款零记录而成为了全县"明星信用村"。

据人民银行寿宁县支行有关人员介绍，在桦垅村的辐射带动下，全县茶农信用贷款意识不断增强。据统计，2009年全县推广农户联保基金贷款以来，14个乡镇共有215户茶农积极申请贷款，至2011年6月20日，全县累计发放农户联保基金贷款余额4300万元。这些贷款的发放，解决了茶叶种植和茶叶生产加工的资金不足问题，打破了以往大额贷款难的僵局，为全面打造闽浙边界生态新茶乡提供有力的资金扶持，助推茶业驶上规模化发展的快车道。

桦垅村是寿宁县打造金融绿色通道，加大信用体系建设，助力茶农发展的一个缩影。2011年8月16日，寿宁县首批"信用村"授牌仪式在武曲镇举行，该镇桦垅、南岸、承天、西塘、塘洋、小溪等六个行政村被授予"信用村"牌匾。县领导王步金、黄其辉、宁德银监分局局长吕泽民、人民银行宁德市中心支行副行长吴培清、省农村信用社联合社宁德办事处书记范家昌等金融机构领导参加了授牌仪式。至2011年年底，寿宁县已有32个村获得"信用村"称号，武曲镇获得全县首个"信用镇"称号。这些信用村、镇的命名，进一步方便农民贷款，促进农业发展、农民增收，加快农业产业结构调整步伐和乡村两个文明建设。

忘不掉的好茶

在接受各方媒体采访中，时任寿宁县委书记李海波表示，做大做强寿宁生态茶产业，要扎扎实实走好"四步棋"。第一要夯实基础，加速高山生态茶基地建设，把寿宁铁观音、优质绿茶量做大，加强技术培训指导，提高制作工艺水平。第二要推进产业化生产，扶持和培育龙头企业，加大品牌宣传力度，打响品牌。依托安溪铁观音"百年老店"，走自己的路，突出"高山生态"特色，可以预言，今后中国最生态的茶叶之一在寿宁，符合时代发展中人们的健康诉求。第三是市场推介。现在寿宁人在外地做茶生意的有一千八百多家，如叶石生的上海大宁国际茶城，陈昌道的天禧御茶园公司，都是很成功的企业，要依靠、发挥他们的优势，使寿宁生态茶同时上市大江南北。第四以茶文化搭台唱戏。挖掘寿宁茶文化历史内涵，把冯梦龙文化、廊桥文化和红土地文化等融会贯通，推进寿宁茶叶生产销售，促进寿宁茶农增产增收，切实解决农村民生问题。届时闽浙边界生态新茶乡面貌必将焕然一新。

这"四步棋"走出了茶业新天地。品质，品牌，加宣传推介，寿宁县在发展茶产业中打造了一面面"光荣榜"，成就了"忘不掉的好茶"。

好茶出深山。而要让好茶走出深山，宣传推介必不可少。为此，寿宁县委、县政府投入大量资金进行集中宣传推介，从视、听等方面多管齐下，营造良好的宣传推介氛围，扩大寿宁高山茶的影响力。

"好茶一泡就知道，好茶泡了忘不掉。寿宁高山乌龙茶——忘不掉的好茶"。每天，在福建电台交通广播频道都会定时播报寿宁高山乌龙茶广告。细心的你会发现，在沈海高速公路、温福铁路边，高大矗立的"寿宁高山乌龙茶——忘不掉的好茶"广告牌十分显眼。在动车组的LED显示屏、《旅客报》、各类报刊杂志、网络媒体上，都可以看到寿宁高山乌龙茶的宣传和报道。

2010年可以说是寿宁打造茶叶品牌的关键年，为寿宁茶叶享誉国内良好奠基。当年10月份，寿宁县冠名协办了"寿宁杯"第二届海峡茶艺小姐电视公开赛暨首届制茶能手比赛，举办首届茶叶产品展、茶叶拍卖等茶事活动，寿宁高山乌龙茶、寿宁高山红茶品牌大步走出深山，走向市场和广大消费者。在之前获得"全国重点产茶县"称号的基础上，2010年12月份，寿宁县被评为"福建省十大产茶县"。寿宁茶叶品牌大步迈进，2011年1月，寿宁高山乌龙茶和红茶进驻厦门，被厦门国鑫宝文化馆和厦门旺万福茶叶有限公司作为中华礼茶系列产品，进行重点推介。寿宁高山乌龙茶和高山红茶被列为宁德市重点宣传打造的茶叶新品牌。2011年4月，寿宁在北京成功举办了"宁德市茶叶品牌暨寿宁高山乌龙茶推介会"，寿宁高山乌龙茶和红茶走向全国，声名远扬。

2010年可以说是寿宁茶业初显品牌效应的丰收年。近年来，寿宁高山茶在国家、省、市级茶叶赛事中先后获得五十多项荣誉，其中仅2010年就荣获24个奖项，形美味醇的"寿宁高山乌龙茶"、"寿宁高山红茶" 以其优异品质在各地精彩亮相，广受好评，深受中国茶界泰斗张天福老人推崇。福建省天禧御茶园茶业有限公司名列2010年"中国茶行业百强企业"第26名，同时荣获"福建名牌产品"称号；寿宁县春伦茶业有限公司名列"福建二十强茶企业"，并荣获"福建名牌产品"称号；在当年5月份"福建省茶人之家"茶叶评比、6月份"宁德市第四届茶王赛暨茶叶包装评比"等茶事活动中，福建省天禧御茶园茶业有限公司、寿宁县春伦茶业有限公司、龙虎山茶场、天福缘茶厂、兴昌茶厂、闽缘茶厂、寿宁县裕发茶业有限公司、寿宁县双秋茶业有限公司等分别获奖。

品得出的韵味，忘不掉的好茶。现在，"寿宁高山乌龙茶——忘不掉的好茶"的宣传理念已深入人心。有闽南的朋友出差寿宁，品过寿宁高山乌龙茶后，回味良久，说："很久没喝到这么好的茶了，可以这么说，中国铁观音在安溪，中国高山乌龙茶在寿宁。"经过几年的不断发展，寿宁高山茶知名度正不断提高，捷报频传。

天福缘：一举夺魁"中茶杯"

2009年12月29日，从闽东历史文化古镇斜滩传来好消息：由寿宁县选送的天福缘茶厂生产的京鑫牌红茶"金骏眉"，在第八届"中茶杯"全国名优茶评比中荣获特等奖，成为福建省在本届"中茶杯"评选中唯一获得特等奖的红茶产品。

"中茶杯"全国名优茶评比由我国茶叶行业最高学术团体——中国茶叶学会组织主办，每两年评比一次，是目前国内等级档次最高、最具有权威性的名优茶评比活动，被业内人士称为"中国茶叶的奥林匹克"，它代表了全国名优茶评比的最高水平。据了解，此次"中茶杯"全国名优茶评比共收到来自14个产茶省（市、区）选送的茶叶样品108个，经过评审专家的严格比对，由天福缘茶厂生产的京鑫牌"金骏眉"红茶脱颖而出，勇拔头筹，荣获特等奖。

天福缘茶厂生产的京鑫牌"金骏眉"红茶系用清明前采摘的高山原生态小种野茶茶芽芽尖部分，结合正山小种传统工艺全程手工制作而成，独具细紧弯曲、乌润、金毫显、匀整、汤色红艳、滋味浓醇鲜爽、叶底红亮等特点，品质优良，色香味形俱佳，深受专家好评，在本届"中茶杯"中一举夺魁。

据了解天福缘茶厂创办于1997年，是一家具有二十多年茶业生产经营管理经验，集茶叶生产经营加工、良种繁育、茶叶生产技术推广于一体的市级龙头企业，技术力量雄厚，设备先进齐全，在生产加工、产品研发上长期与省、市科研部门及专家合作，现有固定资产800万元，标准化厂房三千多平方米，茶叶生产基地两千多亩，带动周边茶农发展绿色食品茶叶生产基地3000亩，绿茶、红茶、乌龙茶、花茶生产线各一条，精制生产线两条。天福缘茶厂抢抓县委、县政府出台《关于进一步促进茶产业发展若干决定》的有利机遇，致力品牌打造，发展茶叶精品，带动茶农增收。

手捧沉甸甸的获奖证书，天福缘茶厂厂长、宁德市"十佳制茶能手"卢明基欣喜地说："我们贯彻落实县委县政府11月份召开的茶业工作会议精神，重点推出我们寿宁的品牌。现在我们厂还在努力加工名优茶叶，生产铁观音、红茶、绿茶等。"

京鑫牌红茶"金骏眉"夺魁中茶杯，不仅打破了金骏眉只有武夷山出产的神话，为一直处于产业链低端的宁德茶叶发展注入了新的活力，而且对促进寿宁县茶叶生产企业提高产品质量，培育茶叶品牌，进一步提升茶叶品牌价值起到了积极的推动作用。

梦龙春：红韵激扬书奇香

距天福缘"金骏眉"红茶夺魁"中茶杯"之后不久，2010年6月，中国首届"国饮杯"全国茶叶评比活动隆重举行，寿宁县茶叶界再次传来令人振奋的好消息：由寿宁县天福缘茶厂生产的"京鑫"牌、"福寿眉"再获殊荣夺得特等奖；由龙虎山茶场生产的梦龙春红茶"金峰红"、"金桂红"分别荣获特等奖和一等奖！

首届"国饮杯"全国大宗茶评比活动由中国茶叶学会主办，是我国级别最高的茶叶评审活动之一。此次评比共有来自全国的三百多个茶样参加。活动根据《"国饮杯"全国优质大宗茶评比办法》进行，评审团由专家评审团和消费者评审团组成，分别按70%和30%的得分比例对每个茶样进行评审。在专家和消费者挑剔的目光和品味中，"京鑫"牌红茶和"梦龙春"红茶不负重望，脱颖而出，再次荣登榜首。

荣誉的获得不是偶然。人们记得，从2009年开始，由龙虎山茶场生产的梦龙春红茶就以其独特深厚的历史文化底蕴和优异醇厚的生态品质，征服了专家茶客们，享誉国内，屡获殊荣：在2009年5月福建省春季名优茶评鉴活动中，梦龙春红茶系列之"金峰红"、"金韵红"、"梦龙翠芽"分别被评为福建省名茶、福建省优质茶；在2010年5月份福建省第七届闽茶杯红茶类评选中，梦龙春系列之"金峰红"、"金桂红"分别荣获银奖。此次梦龙春红茶荣登茶赛榜首，标志着寿宁高山红茶品牌"梦龙春"更上一层楼，进入了一个崭新的发展阶段。

梦龙春红茶系列产品屡次登上全省茶叶评比的光荣榜，为寿宁县茶叶品牌打造增添了浓墨重彩的一笔，深受各界好评。中国茶界泰斗张天福在细细品鉴了寿宁梦龙春红茶后，回味无穷，频频点头："甜香浓郁，滋味甘醇，回甘柔和。梦龙春茶叶做得很好，年年有进步。"

创办于1959年的龙虎山茶场，是寿宁县集绿色食品茶研制、开发、生产、营销为一体的综合型国有农垦企业，是闽东最早开始生产红茶的企业之一。2007年，寿宁县实施茶业"一号工程"，为龙虎山茶场注入生机，推进了茶场的发展。经过半个多世纪的风雨历程，目前该场已拥有高标准生态茶园面积一千七百多亩，厂房面积两万多平方米，年加工茶叶九百多吨，产值三千多万元。发展金观音、黄观音、金牡丹等十多个乌龙茶优良新品种，并带动周边3000多户农户的茶叶种植。

2010年11月份举办的第四届海峡两岸茶博会，为梦龙春红茶打造品牌及销售网点搭起了一座金质桥梁。龙虎山茶场场长吴其瑞掩饰不住内心的喜悦："参加茶博会后，'梦龙春'红茶的知名度提高，品牌效益增强。在2009年生产金韵红、金峰红、梦龙翠芽三大系列茶的基础上，今年又增加了金桂红、金闽红系列，并加入宁德市茶产业联盟。目前，我们在上海、西安设立了茶叶营销点，来自武夷山、广州、济南、厦门、福州等地的茶商纷纷向我们订购茶叶，我们的茶品供不应求。"在茶博会上被梦龙春红茶所吸引的几名韩国客商，于2011年5月份到龙虎山茶场参观，被茶场清冽的空气、标准茶园建设、周围良好的生态环境吸引，十分满意，并与龙虎山茶场达成了初步预购意向。

2010年底，龙虎山茶场的茶叶产量达一百三十多吨，产值三千多万元，比上一年同比提高近50%。至2011年年底，茶业产量达一百五十多吨，产值三千六百多万元，同比进一步增长。

"由于生产规模扩大，龙虎山茶场的制茶车间面积已由原来的一千六百多平方米扩大至三千多平方米，制茶技术员从原有的八个发展到十三个。在引进两台红茶自动烘焙机的基础上，计划今年内再引进一台，并增加一套精制生产线，进一步提高茶叶质量和茶叶产品附加值，不断推出'梦龙春'茶精品品牌。"龙虎山茶场场长吴其瑞充满信心地说，不断发展中的龙虎山茶场正朝着下一个目标前进。

心怡香：状元文化育香茗

历史是公正的。它在记住一个叫缪蟾的状元的同时，也将一脉茶香留在了时间深处。

据相关资料记载，南宋理宗绍定二年，寿宁千年名村西浦，雾霭升腾的一个凌晨。一个叫缪蟾的书生赴临安春试，家人于前桥桥头设茶酒为他送行。缪蟾饮罢饯行茶，作别家人上路。两榜开时，缪蟾高中特奏名第一，被皇上封为特赐状元，随后被招为驸马。洞房之夜，缪蟾拿出随身带的寿宁家乡茶叶，请公主品鉴。一时满室淡淡清香浮动，沁人心脾。公主饮后只觉唇齿留香、吐气如兰，惊喜地询问此茶何名？缪蟾回答："心怡香！乃舍妹缪心怡所制。"公主略作沉思后说："此茶给相公带来好运，不如改名'金状红'更加贴切。"缪蟾连声称妙。次日，二人将此茶献与理宗皇帝，皇帝品后赞不绝口，赐名"金御红"。后有诗人雷云凌记述缪蟾夫妻二人烛下品茗时的情景："琼林宴、英雄会，洞房金榜喜还疑。彩凤冠、锦霞披，皇姑款款语声低。羞问蟾郎家何在？鹫峰东麓海峡西。人俊雅兮茶心怡，家山西子两相宜。"至今，寿宁民间还流传着给考生"饮茶送行"的习俗。

这美丽传说中的"心怡香"，随着西浦溪水的流引，如今又飘香寿宁。由寿宁县武曲镇兴昌茶厂生产的"心怡香"红茶系列产品，以其独特的韵味倍受瞩目。兴昌茶厂老板林昌清告诉笔者，兴昌茶厂创办于1997年，近年来积极响应县委、县政府打造"闽浙边界生态新茶乡"的政策和实施茶业"一号工程"的号召，大力改造老品种"福云6号"茶，发展高山乌龙茶，建设高标准生态农业示范基地茶园五百多亩，企业长足发展，取得了质的改变。2007年，中国茶界泰斗张天福老人莅临兴昌茶厂参观指导，该厂红茶生产经营日益红火。经多年发展，目前兴昌茶厂固定资产六百多万元，标准厂房1200平方米，年产茶叶两百六十多吨，年销售额两千多万元。产品通过了食品质量安全QS认证，销往北京、上海、浙江、广西等地，以上乘质量深得客户好评，企业成为福建台资企业"天福茗茶"的长期固定供货商。

为尽最大努力还原、再现史料记载中"心怡香"的独有茶韵，兴昌茶厂人员在深入民间多方寻访、查证中发现，当年缪蟾"饮饯"时的茶叶是用寿宁传统俗茶中带紫红色的、名为"紫茶"的茶鲜叶制作，但这种茶叶目前产量稀少，制茶用料不足。针对这种情况，兴昌茶厂从武夷山请回制茶技术员反复试验创新，因地制宜，运用科技手段，将武夷岩茶和红茶的制作工艺结合起来，成功研制出目前在茶叶市场上独具特色的"岩韵工夫"茶即"心怡香"茶，产品清香怡人，醇厚润滑，舒和回甘。随着茶叶的畅销，兴昌茶厂推出的"心怡香"品牌红茶系列之"金状红"、"金御红"、"心怡香"深受消费者青睐，茶香远飘北京、上海、浙江、广西等地，"心怡香"这一品牌也随同状元文化这一独特珍贵的文化内涵一起深入人心。

上乘的品质、独特的醇香，使"心怡香"深受各级领导及茶人好评。时任宁德市委书记陈荣凯、时任市长廖小军等领导在品过"心怡香"茶后，均给予中肯评价。在各种茶类赛事中，"心怡香"茶崭露头角，先后荣获首届"国饮杯"全国大宗茶评比活动优质奖、第七届"闽茶杯"活动优质奖，宁德市第四届茶王赛名优茶奖。2011年5月，从福建省茶界评比中再传喜讯：在2011年度省名优茶评鉴名茶和优质茶活动中，寿宁兴昌茶厂选送的"心怡香"牌金状红茶样经省农业厅邀请专家鉴评，与福建天禧御茶园茶业有限公司选送的"御茶园"牌金闽红红茶一起，被评为省名茶。此外，寿宁县龙虎山茶场选送的"梦龙春"牌金峰红茶、寿宁县瑞康茶业有限公司选送的"梦春"牌金韵红茶、寿宁县闽缘茶叶有限公司选送的"闽缘红"牌红茶获评省优质茶。

由于茶叶行情看好，2011年上半年，兴昌茶厂茶叶销售产量达六十多吨，产值三千多万元。至当年年底，产量达一百二十多吨，产值达到五千多万元，将近上一年的两倍。

依托丰厚的状元文化底蕴，下一步，兴昌茶厂将做好做足状元茶文化文章，进一步推出红茶精品。同时，兴昌茶厂计划再征地十亩，扩大企业规模，提高生产能力，再建一个500亩乌龙茶生产基地，带动周边茶叶发展，把企业做大做强，扩大市场影响力，争创省级乃至国家级品牌。

各级领导、嘉宾品茗论茶，对寿宁高山乌龙茶、高山红茶赞誉有加。

第五章

茶香茶韵绕千家

在走过五年艰苦而卓有成效的茶改历程后，寿宁县新品种茶叶优势日益凸显，茶农增收，茶企增效，茶业经济附加值提高，茶改强农富民成效明显，寿宁茶业的健步发展让百姓开始尝到了幸福的滋味，喜笑颜开。

借着春风，波涛起伏的茶海在打开一个五彩斑斓世界的同时，开启了一扇财富之门。随着茶业"一号工程"的深入实施，跨越发展步伐的有力迈进，寿宁茶业进入了一个前所未有的全新时代，一个以乌龙茶为主，多茶类并举的闽浙边界生态新茶乡正在崛起。

2010年10月20日，"寿宁杯"第二届海峡茶艺小姐电视公开赛决赛上，选手们进行精彩的茶艺表演。

"寿宁杯"海峡茶艺大赛

  对于寿宁来说，2010年10月20日，注定是一个激情澎湃的不眠之夜。这个夜晚，备受海峡两岸瞩目的"寿宁杯"第二届海峡茶艺小姐电视公开赛暨寿宁县首届制茶能手比赛活动在东区美丽的梦龙广场隆重举行，圆满落幕。

  这是个激情燃烧的夜晚。大赛由海峡茶业交流协会、福建省广播影视集团主办，寿宁县政府独家协办，盛况空前，万人空巷。时值深秋，地处大山深处的寿宁独有的高山气候给小城带来一些凉意，但人们心头热潮翻涌，春意盎然。东区绚烂斑斓的霓虹灯火照亮了人们的笑脸，梦龙广场上更是人头攒动、人山人海，一片欢腾，将三千多平方米的广场挤得水泄不通。

  这是个令人难忘的夜晚。原省人大常委会副主任郑义正上台致辞，心情无比激动："谁不说俺家乡好？在这里，我也要说说我的家乡寿宁'四好'，一好是寿宁来了个好领导好书记李海波，带领全县上下一心全力建设，寿宁出现大变样；二好是寿宁气候条件好，青山绿水生态环境独特；三好是寿宁茶叶质量特别好，喝了忘不掉，回味无穷；四好是寿宁群众创业热情高……"面对家乡父老，郑义正主任心潮澎湃，对他心中的"四好"寿宁以及茶艺电视大赛给予美好的祝愿，发自内心的话语感人肺腑，动人心弦，广场上掌声雷动。

  因公务在身无法前往的原省政协副主席陈增光情系桑梓，发来贺信："寿宁县素有'茶县'之称，随着改革开放不断深入，经济建设不断发展，寿宁县立足发挥产业优势，把握国内外茶叶发展趋势，全面提升茶叶素质，促进茶叶经济与文化事业的发展，是一件至关重要的事情。今天，在当前茶叶市场竞争十分激烈，寿宁茶业发展机遇与挑战并存的背景下，举办'寿宁杯'第二届海峡茶艺小姐电视公开赛暨寿宁县首届制茶能手比赛活动，很有意义，也十分令人高兴和鼓舞！"他衷心希望寿宁县委、县政府能够带领全县人民迎难而上，按照市场经济规律，积极抢抓发展现代茶业的机遇，围绕宁德市现代茶业发展的关键环节和重要课题开展工作，为促进闽东乃至全省的茶叶经济与文化发展做出应有的贡献。

这是个异彩纷呈的夜晚。随着"寿宁杯"第二届海峡茶艺小姐电视公开赛的精彩进行，寿宁高山乌龙茶精彩亮相。原省人大常委会副主任郑义正，原省人大常委会常委、福州市政协副主席何宜刚，原省农业厅巡视员叶恩发，原省老区经济建设促进会秘书长吕居永，时任宁德市委常委、秘书长、宣传部长谢仰俊，宁德军分区政委翁祖强，宁德市政协副主席王代忠等省、市领导与时任寿宁县委书记李海波、时任县长雷仕庆、各茶业界茶人精英等莅临现场。不断转动的七彩射灯映亮了一张张激动兴奋的脸庞，许多观众更是高举"寿宁高山乌龙茶"的牌子，为寿宁高山乌龙茶喝彩叫好。

这是个美丽的夜晚。决赛在"纯、雅、美、真"的茶文化氛围中拉开序幕。这次大赛，包括台湾选手在内的众多海内外茶艺表演团体代表及茶艺爱好者参加比赛，历时三个多月。经过初赛、复赛的浪淘沙后，共有16名来自上海、福州、泉州、厦门、龙岩、宁德、南平等几个分赛区的选手参加本次决赛，进行精彩纷呈的角逐。随着大赛的进行，各位佳丽分别在形象展示、集体舞蹈、形体走秀、茶艺表演、知识问答、才艺展现等环节中，各展身手，以独特的理解和方式诠释对茶的理解和对茶文化的推崇，精湛的茶艺和多样的才艺征服了观众，生动展现了茶艺小姐的纯、雅、美、真，决赛现场不时响起热烈的掌声。在知识问答环节中，寿宁高山乌龙成为其中的一大亮点。当电子答题板上出现"我国传统茶界精品目前又出现了哪个新品种？"时，选手回答："高山乌龙茶。"当问及品种产地时，选手微笑着回答："寿宁。"而面对"高山乌龙茶有何特点"一题，选手从形、色、香、味、生态等方面娓娓道出寿宁高山乌龙茶的优异特质，台下报以如雷掌声，观众们发出了会心的微笑。在比赛活动中，省、市、县有关领导还分别为寿宁县首届制茶能手大赛获奖人员颁奖，14万元重奖制茶能手。

经过四个多小时精彩而激烈的角逐，最终，宁德籍选手黄诗韵力压群芳，摘取大赛冠军；来自上海的选手李雅婷和来自龙岩的选手李珊波分别获本次比赛的亚军和季军。来自寿宁的吴慧梅、叶晓玲、王小燕、林亚玲4名参赛选手在大赛中表现不俗，成为此次大赛的一大看点。其中叶晓玲获最佳人气奖，王小燕获最佳茶艺奖。省、市领导郑义正、吕居永、谢仰俊等分别为获奖选手现场颁奖。

那一夜，相信许多人的梦中，飘满了茶叶、茶香、茶色和茶韵。醇厚甘润的好茶，浓郁芬芳的氛围，源远流长的茶文化，营造出一个浓酽醉人的茶天地。"寿宁杯"第二届海峡茶艺小姐电视公开赛暨寿宁县首届制茶能手比赛活动成功举办后，于11月份在福建电视台综合频道多次播出，对宣传寿宁生态高山乌龙茶起到了巨大的推动作用，有力促进了寿宁茶产业进一步又好又快发展。"寿宁高山乌龙茶"这个名字，以及实现华丽转身的寿宁茶产业，随着"寿宁杯"第二届海峡茶艺小姐的名字一起飞入千家万户，大放异彩。

"高山茶香云雾质，水甜幽泉霜当魂。百年乌龙又逢春，天香茶韵入梦来。"高山生态环境孕育的寿宁高山乌龙茶，在走过百年时光后，正走向全国，迎来新的辉煌。

首届茶叶产品展

10月20日上午，借"寿宁杯"第二届海峡茶艺小姐电视公开赛暨寿宁县首届制茶能手比赛活动之机，寿宁县首届茶叶产品展于东区喷泉广场隆重举行。

当日，寿宁县14个乡镇共22家茶企组织产品参展，各展位在喷泉广场上呈波浪形展开，裕发、双秋、梦龙春、春伦等茶叶精品引人驻足，人们在茶桌前品茶、论茶，氛围浓厚。在时任县委书记李海波、时任县长雷仕庆陪同下，原省农业厅巡视员叶恩发、省财政厅副巡视员吴发金、时任宁德市副市长江振长等省市领导参观各茶企展位，品尝茶品，对茶叶包装、宣传、营销等提出了许多建议和意见。

首届茶叶产品展聚集人气、聚焦眼光，对寿宁县茶业的发展起到良好的推动作用。特地从深圳回来参展的香港瑞隆集团投资有限公司董事长朱建国告诉笔者："我这次回来参加家乡寿宁举办的茶展，非常高兴。这是寿宁有史以来举办的第一次茶展，为各企业提供了一个很好的展示平台，气氛非常好。寿宁茶业的发展可以说是迎来了百年盛世。我们对在家乡投资发展茶业充满了信心，寿宁的明天会更美好。"寿宁茶产业发展的良好环境，吸引了许多外来客商及乡贤们投资。在寿宁县招商办驻广州办事处的牵线搭桥下，香港瑞隆集团投资有限公司组织专家到凤阳乡官田村实地考察论证，前后不到一个月时间就决定投资建设"高山乌龙茶种植"项目。2010年6月23日，该项目在宁德举办的首届海峡两岸电机电器博览会暨第十一届宁德投资贸易洽谈会上签约并落地。项目总投资1650万美元，计划分三期建设，用地3000亩，种植高山乌龙茶，筹建乌龙茶及名优水果加工基地，采用现代科技管理技术，实现产供销一条龙；建设旅游休闲观光基地，与国家级地质公园白云山和宁德著名景区冰臼相呼应，成为全市乃至全省具有影响力的生态农业园，同时带动周边群众种植乌龙茶400亩、名优水果近万亩，增加该地周围上千户农民的收入，还可以解决部分人员的就业问题。

10月20日下午，继首届茶叶产品展后，寿宁县举行了茶叶推介会，并进行了寿宁高山乌龙茶与寿宁工夫红茶的专场拍卖会。

推介会上，瑞雪茶业有限公司的生态乌龙茶种植、天池峰茶业有限公司的"代理销售茶叶"等五个项目上台签约，项目签约金额达1.46亿元。原省农业厅巡视员叶恩发，原省人大常委会常委、福州市政协副主席何宜刚，宁德市政协副主席王代忠，时任寿宁县委书记李海波，时任县长雷仕庆等领导为项目签约见证。

在茶叶拍卖会上，经过激烈角逐，500克寿宁高山乌龙茶和500克寿宁工夫红茶分别以13万元和11.8万元落槌，分别被上海大宁国际茶城董事长叶石生、北京御茶园董事长陈昌道拍下。

捧着拍得的寿宁高山乌龙茶和寿宁工夫红茶，叶石生和陈昌道欣喜异常。上海大宁国际茶城董事长叶石生感慨万千："寿宁这一任的领导提供了这么好的机会宣传茶叶，非常了不起。确实，寿宁山好水好，具备生产好茶的条件。在外发展这二十多年来，我天天都在想，要把寿宁最好的茶叶销售出去，送给各级领导，这是我最大的愿望。今天，我的愿望实现了，寿宁以后一定会发展得更好的。"他说："寿宁茶业的发展的确几经风雨。上世纪80年代以前，茶叶是统销统购，由政府统一进行。90年代以后，茶叶没人管，茶农自产自销，茶产业低落。近年来，寿宁生产的高山生态茶品质好，却缺乏开发，我们茶商非常着急，迫切希望能把家乡的茶叶推出去。现在，寿宁茶产业发展已经进入了新时代，我们更有信心将家乡的茶产品变成商品中的精品，销售推广。"

寿宁高山茶进驻厦门

2011年1月9日，时任寿宁县县长雷仕庆的笑容跟厦门的阳光一样，格外灿烂。这一天，嘉宾云集，掌声不断，由寿宁县政府主办，厦门旺万福茶业有限公司承办的寿宁高山乌龙茶文化节暨厦门国鑫宝文化艺术馆开馆仪式隆重举行。乘着新年的钟声，寿宁高山乌龙茶、高山红茶走进厦门，飘香鹭岛。

这是2009年以来继第三届海峡两岸茶博会（宁德）、"寿宁杯"第二届海峡茶艺小姐电视公开赛、第四届海峡两岸茶博会（武夷山）举办以来，寿宁再次举办茶产品大型推介活动。寿宁高山茶被厦门国鑫宝文化馆和厦门旺万福茶叶有限公司作为中华礼茶系列产品进行大力推介。福建省委原副书记黄瑞霖、原省人大常委会副主任郑义正、原省政协副主席陈增光、时任宁德市副市长江振长等省市领导及专家学者、各界茶人参会，时任寿宁县县长雷仕庆率县委副书记王步金、副县长吴松兰等县领导及茶业、财政、农业等有关部门人员参加。

在推介会致辞中，雷仕庆县长满怀深情地说："寿宁茶产业有着绵长的过去，生动的现在，更将有美好的未来。今天，我们围绕'寿宁高山乌龙茶'、'高山红茶'这一主题举办推介会，以茶传情，以茶会友，以茶招商，以茶富民。我们热忱欢迎广大客商到寿宁观光品茗，投资兴业，合作共赢，共同发展。我们深信，有各级领导、各位专家、各位乡贤和各位朋友的大力支持，寿宁茶叶将迅速走向全国，走向世界。"

此次在厦门举办的寿宁高山乌龙茶和高山红茶推介会取得圆满成功，各方反响良好，好评如潮。原省人大常委会副主任郑义正、原省政协副主席陈增光对寿宁高山乌龙茶和红茶分别给予高度评价，在充分肯定寿宁近来发展茶产业的同时，也提出了宝贵建议和指导性意见。

原省人大常委会副主任郑义正平时常喝来自家乡寿宁的茶叶，并积极推介寿宁好茶，他对寿宁茶产业的进一步发展寄予厚望："寿宁茶业的发展前景很好。希望寿宁县委、县政府发挥优势和品牌效应，以品牌带动，保持精品。精品保持靠质量，质量是茶叶发展的前提，信誉是茶叶发展的保证，在这两方面有了保证才能真正把品牌打好、打响，推向全国，真正把寿宁高山乌龙茶、红茶推介出去，要象张天福老先生说的'喝茶喝好茶'，形成'好茶要喝寿宁高山茶'的习惯，让更多人了解寿宁。寿宁是张天福老人年轻时工作生活过的地方，他时时惦记着寿宁茶业发展并给予支持，我们不能辜负期望，要把寿宁茶业发展好。"

原省政协副主席陈增光情注家乡茶韵茶香，对寿宁茶业发展现状表示满意："寿宁高山乌龙茶好在高山云雾，贵在精工细做，美在深得名人专家首肯，誉在诚信质量信得过，所以声誉在外，深受广大茶人欢迎，寿宁高山茶大有前途。过去，寿宁茶叶躲在深闺人未识，通过这次展示推介，取得了良好效果。希望寿宁县委、县政府在寿宁茶叶品质、品牌上进一步展示天生丽质，取得广大茶人的信任和支持。这次推介方式有创意，把传统艺术文化和茶道密切结合，人们边品茶边欣赏书画珍品，格外有韵味，祝愿寿宁高山乌龙茶和历史文化一样大放异彩，得到广泛传播、很好地传承。"

推介会上，许多领导、嘉宾对寿宁茶产业的发展给予美好祝愿。福建海军基地原政委刘阁忠说："在推介会上，寿宁把茶业发展和文化产业发展相结合，非常符合当前整个经济、社会、文化发展的总趋势，也体现了寿宁扬自己之长，发展自身特色，很有潜力，抓得很准。寿宁未来发展有大空间，特别是2010年上海世博会后，寿宁从茶叶项目入手，发展绿色经济很有潜力。西部有一个'茶马古道'，我感觉寿宁循一条'茶文古道'发展，一定大有作为。祝愿寿宁的明天更美好。"

"幽兰在山谷，本自无人识。只为馨香重，求者遍山隅。"省人大原副主任宋峻把这首陈毅元帅的诗作《幽兰》送给寿宁，表达他对寿宁县茶业发展的期待和祝福。国家林业总局西南勘查设计院党委书记胡培兴、原省农业厅巡视员叶恩发等领导看到家乡寿宁茶业发展如火如荼，十分高兴，也提出了许多指导性意见和中肯的建议。

推介会的成功举办，使得在厦门发展的寿宁企业家们对寿宁茶产业的美好前景信心倍增。厦门国鑫宝文化艺术馆董事长胡于旺告诉笔者，他是在厦门生活了11年的寿宁人，厦门人爱喝茶，对于香浓、味醇、耐泡、无污染的寿宁高山茶尤其青睐，这让他看到了巨大的市场潜力。在寿宁县委、县政府的大力支持下，厦门国鑫宝文化艺术馆和厦门旺万福茶业有限公司将以寿宁高山乌龙茶、高山红茶作为"国鑫宝"中华礼茶系列主打产品进行大力推介，计划一年时间内在全国发展多家茶叶加盟商，让寿宁高山茶进一步走向全国各地。同时，该公司将在寿宁建立生态茶叶生产基地，构建基地、加工、销售一条龙经营模式，打造寿宁茶叶品牌。

踏着新春的脚步，寿宁高山乌龙茶与厦门结下深厚茶缘，依托厦门国鑫宝文化艺术馆、厦门旺万福茶业有限公司这两大载体，寿宁好茶进驻厦门，香飘不断。

"寿宁红茶，Ok！"

"寿宁红茶，Ok！"

在寿宁县龙虎山国营茶场，一批又一批老外在"梦龙春"红茶面前竖起了大拇指。

2011年4月份，瑞典一家连锁超市的茶商Niklas来到上海，想前往武夷山购买正山小种茶，上海"梦龙堂"茶业有限公司总经理叶伟拿出两泡茶请Niklas品茶，一款是正山小种，另一款是叶伟根据瑞典人的饮茶习惯取的名字：男士茶。这"男士茶"不仅香气芬芳，汤色金黄，而且带有一种淡淡的雪茄味道，正是瑞典人爱喝的口味，Niklas一喝就喜欢上了。叶伟告诉他，这"男士茶"就是寿宁县龙虎山茶场生产的梦龙春红茶。Niklas十分好奇：这好喝又好看的红茶是如何生产制作出来的呢？

不几天，在叶伟陪同下，Niklas从上海专程来到寿宁县龙虎山茶场购买茶叶，并参观考察，实地了解。在武曲镇政府人员陪同下，龙虎山茶场场长吴其瑞带领Niklas走上丛林掩映中绿海般波涛起伏的茶山，在葱茏茶丛中漫步。Niklas深吸了一口茶山空旷清灵的空气，连称："Very beautiful。"他品尝过梦龙春红茶后，十分满意，连连说："Ok！Ok！"翻译员告诉吴其瑞："品质好，味道好。"Niklas一心想弄明白这好喝的中国红茶是怎么生产出来的，当晚不肯下山，泡在龙虎山茶场的生产车间里，亲自动手，兴致勃勃与工人一起晾青，参与烘干、发酵等制作。在陪同人员的一再催促下，直到次日凌晨3时许，Niklas才恋恋不舍地下山，到武曲镇住下。

走时，Niklas下了订单，向龙虎山茶场订了十多万元的高档红茶产品，由吴其瑞装箱，分批送到福安开往上海的大巴车上，寄往上海"梦龙堂"茶业有限公司，由叶伟将货发往瑞典Niklas处。

上海"梦龙堂"茶业有限公司是龙虎山茶场于2010年8月在上海开设的专供营销点，一批又一批的"梦龙春"茶从这里进入上海市场，受到欢迎。5月18日，叶伟依照订单又向上海几家单位发出三千多套梦龙春红茶。叶伟说："我们对家乡茶很有信心。结合中国茶文化和寿宁茶特色，我们准备将梦龙春红茶打入国际市场，目前茶叶已销往香港、韩国、英国、瑞典等地。Niklas打算今年秋天再到龙虎山，订购下一批好茶。"

2010年以来，寿宁"梦龙春"茶香吸引了英国、韩国、香港等地客商前往考察、订购。2011年5月18日上午9时许，在英国宁德同乡会会长曹金明的带领下，三名英国茶商来到寿宁县龙虎山茶场，实地察看，商谈投资事宜。"寿宁红茶，Ok！"细细品味过"梦龙春"红茶后，他们不断竖起大拇指称赞。目前，双方正在洽谈投资意向。

为茶园保暖防寒

瑞雪兆丰年。

2010年12月中旬至下旬，一场罕见的大雪覆盖了寿宁城乡大地，山野一片银装素裹，粉雕玉琢，分外美丽。厚厚的大雪将山川、树木包围，也将茶园压在了积雪之下。与2008年冬季那场雪不同的是，面对新一轮寒潮来袭，时任寿宁县委书记李海波从容安心多了。因为寿宁县委、县政府早已提前部署，落实好防护措施，经过几个寒冬的考验，他相信全县13.3万亩茶园经受得住冰雪的洗礼，可以安全过冬。

"冬季要实行封园，增施基肥、有机肥，提高茶树抗逆性 。""茶园铺草可采用稻草、杂草、修剪的茶树枝条等，有条件的茶园可以覆盖地膜，这样可以给茶园增温防冻……""寒流来临之时，要熏烟驱霜，用稻草或杂草熏烟以提高茶园小气候温度，预防结霜。""冻前结合中耕，用细土培土围根，可使土壤疏松，增加土层厚度，增强树体，提高土温，提高茶树防寒能力……"这是寿宁县茶业局局长王允斌冒着凛冽寒风，带领茶技人员深入清源、大安、芹洋等高海拔乡镇，发放资料，开展现场培训，指导茶农采取措施为茶园保暖防寒。似乎是为了刻意考验寿宁高山乌龙茶的生命力，处于高海拔地区的寿宁县2010年冬季以来受一拨又一拨寒潮影响，霜雪冰冻频繁，夜间气温更是降至零下，最低气温达零下7℃。寿宁特有的高山冷寒气候，拉开了新一轮对乌龙茶的严峻考验。

寿宁县茶业局局长王允斌告诉笔者，2007年以来，为新植的乌龙茶保暖防寒，已成了每年冬季必不可少的"功课"。为保证13.3万亩茶园平安过冬，寿宁县积极部署，在每次寒潮来临前夕，派出茶技专家进村入户，指导做好防护措施，在做好寒冬老茶园管理工作的基础上，重点加强幼龄茶园的防寒防冻。专家们指导茶农加强茶园肥培管理，增强茶树根系的抗冻能力；增加茶树根茎处的培土，提高土壤保温能力；在茶园行间铺草，为茶树加一床"被褥"，并在茶园熏烟驱霜，用塑料膜或杂草覆盖到茶树上，保护茶树生产枝等等。一系列防寒保温措施的及时落实，为寿宁乌龙茶筑起一道道温暖的防护屏，给茶园适时穿上了"保暖衣"。在2010年冬至2011年春，寿宁前后下了大大小小共七场雪，寿宁13.3万亩茶园安全过冬，未出现茶苗伤亡现象。

虽然大雪厚积，但在皑皑白雪之下，涌动着不息的生命热流，一株株铁观音傲然挺立，从容面对严寒。随着气温回升，积雪消融，一眼望不尽的茶园绿意葱茏，茶香四溢，沁人心脾，用生命的绿色，叩响春天的大门。

"绿色银行"敞大门

2011年3月，春寒料峭，乍暖还寒。寿宁县的春天在冷雨与暖风交织中悄然来临，沉寂了一冬的茶园开始冒出米粒大小的芽苞，范学强心里的喜悦也开始冒尖。到清明节前后，随着鲜嫩水灵的茶叶争先恐后长出，青翠的茶园在阳光下闪着金亮的光芒，范学强的心里也铺开了一个明媚的春天。

"今年春茶行情为历年来最好，量多价高降幅稳，我们村的春茶现在每天产量达一千多斤，茶农们积极性可高了。其中光金观音一项，收入高时全村一天就达三万多元。"2011年清明前后，春茶飘香，眼看白天茶农们在郁郁葱葱的茶园忙碌不停，晚上回家时点数大把钞票，寿宁县武曲镇承天村委会主任助理林培中乐开了花。这笑容同样洋溢在寿宁县斜滩、凤阳、犀溪等中低海拔乡镇。进入4月下旬，鳌阳、清源、南阳等高海拔乡镇春茶也陆续开始采摘。随着当年春茶的顺利开采，各茶企首批茶干纷纷出炉，茶改"一号工程"带来的经济效益愈加凸显，茶业这一"绿色银行"对广大茶农打开了大门。

据了解，2011年春季寿宁茶叶从3月8日开采，开采之初，金牡丹每斤高达60元，福云6号也有十来元，至5月份价格分别稳定在16元和两元左右。据业内人士分析，2011年茶叶价高很大程度上得益于品牌效应。近年来随着时尚红茶、健康白茶、生态绿茶等理念在闽东的兴起，各种茶叶品牌成功打造，茶品市场供需两旺，导致了今年茶青的高价，并带动了福云6号价格，而今春天气稳定，茶叶生长速度均衡，茶青产量平稳上市，也有助于茶价的稳定。

面对当年春茶的大好形势，寿宁县茶业局局长王允斌激动得坐不住。连日来，茶业局工作人员到各乡镇进村入户调查走访，反馈回的数字让他惊喜："从3月8日寿宁县春茶开采至今的一个月时间里，全县13多万亩茶园产量七百多吨，产值达1.53亿元，同比增长明显。预计今年春茶产值同比增长将近50%。"

看好的市场行情，给寿宁县茶业带来了福音，对此，承天村种茶大户范学强深有体会。4月7日晚，刚从茶园回家的范学强告诉笔者，自己当天采摘的金观音虽然并不多才八十多斤，也带来一天一千两百多元的收入。今春以来自己收入最多的一天是五千多元，茶青一运到市场，就被御茶园、天福缘、福安坦洋工夫茶业总公司等茶企收购走，在前几年饱尝甜头后，茶叶今春又给了他惊喜。"春茶开采才一个月我的茶青收入就五万多元，估计今年头春茶收入可达八万多元，相当于去年一年的茶青收入，相当于茶改前整整四年的收入。"仅采茶一项，范学强2011年就有十几万元的收入，相比上一年，可用"增产增收"来形容。范学强告诉笔者，这仅仅是他前几年响应县上茶改号召种下的五亩金观音的收入。他算了一下，随着金观音、金牡丹等新品种茶树逐年生长，进入采摘旺年期，其亩产值也逐年上升，去年亩产值为三千多元，今年已升到四千多元。

目前范学强种的12亩茶叶中，除去这五亩金观音外，其它的几亩金牡丹、紫牡丹、黄玫瑰、紫玫瑰，范学强没舍得采摘出售，他有自己的计划：留着4月底育春苗，年底又可收入二十几万元呢。难怪春茶开采以来，范学强总是笑呵呵地，这心里头甜着呢。

2010年4月，范学强和另一村民合资在村中办起了一家茶叶加工厂"赚些小钱"，眼下，他计划扩大投资，扩建厂房，扩大规模。"如果不是茶改，如果不是政策好，我们这些农民，赚不到这些钱。"

除了赚钱，范学强还有一个理想：做一名新型农民。他对于"新型农民"是这样定义的："在把握市场的同时要懂得政策，把握机会，发家致富，多元化发展茶业。像种茶，如果不是熟知茶改相关政策，不敢尝试新品种，就赚不到钱。"

范学强的话，道出了广大茶农的心声，他的致富经历，是寿宁县实施茶改"一号工程"强农富民的一个生动例子。眼下，在寿宁县各乡镇，许多茶农通过改植茶园、加工茶叶，效益呈多倍增长，盖新房、购家电，买摩托车，用上电脑，开办茶叶加工厂，生活一天比一天好。

在走过五年艰苦而卓有成效的茶改历程后，寿宁县新品种茶叶优势日益凸显，茶农增收，茶企增效，茶业经济附加值提高，茶改强农富民成效明显，寿宁茶产业的健步发展让百姓开始尝到了幸福的滋味，喜笑颜开。

借着春风，波涛起伏的茶海在打开一个五彩斑斓世界的同时，开启了一扇财富之门。随着茶产业"一号工程"的深入实施，跨越发展步伐的有力迈进，寿宁茶产业进入了一个前所未有的全新时代，一个以乌龙茶为主，多茶类并举的闽浙边界生态新茶乡正在崛起。

生态茶园建设

2011年5月上旬，一连几天，寿宁县茶业局党支部书记叶允寿窗前的灯一直亮着。他象摆"地摊"一样，与助手一起将三十多份资料在地上一字儿摊开，在资料面前来回踱步，反复审视、整理筛选，修正顺序，编订成册。5月17日上午将材料整理完毕，按照局领导的安排，下午，叶允寿立即启程，将《寿宁县2011——2013年现代茶业生产发展规划》申报文本送往省财政厅上报审批。

经寿宁县现代茶业生产发展工作领导小组研究决定，今后三年，寿宁县将继续实施现代茶业生产发展规划。与前三年不同的是，随着茶产业扶持重点从茶改种植转到品牌建设和茶企建设，2011——2013年，寿宁县现代茶业生产发展规划除了继续推进生态标准化茶园建设、茶叶初制加工清洁化改造、技术培训外，还将进行茶叶初制加工集中园区建设、生态茶叶庄园建设等。

路在眼前不断延伸，车上，叶允寿想起未能把握机遇而后悔的下房村群众，摇摇头，闭目陷入沉思。2008年7月，在确定全县首批标准化生态茶园建设点时，县上原本打算将下房村列入建设盘子，但下房村群众没能看到生态茶园的远景，认为"茶园可以采茶就行了，没必要白花时间精力建设"，村民积极性普遍不高，在修整道路及种植树木方面，县上虽有资金补贴，但村民们就是不动手。虽经县上、镇里、村中干部反复动员，下房村民积极性低落，县上最后只好放弃，改点其它地方。如今，下房村通往山顶茶园的道路基本坍塌，无法使用。下房村民幡然悔悟，找到县茶业局要求补列重新建设生态茶园。如今，看着龙虎山、日洋铺、天池峰等标准化生态茶园的繁荣景象，下房村群众是摇头兴叹。

从2008年7月开始，寿宁县相继在武曲镇龙虎山茶场、大韩村、清源乡日洋铺村、里洋仔村、路口桥村、犀溪乡仙峰村六个点建设首批标准化生态茶园，并逐年扩大建设规模。经过三年建设，至2010年底，全县已建立33个标准化生态茶园，面积近1.3万亩；新建、修建茶园机耕路、工作道两百多公里，生态基地初具规模。

车子不断前行，叶允寿思绪飞得很远。寿宁县标准化生态茶园建设情景历历在目。2008年以来，县上调整成立了现代茶业生产发展工作领导小组，经积极争取，寿宁县2008——2010年连续三年被列入福建省现代茶业生产发展项目重点县，共争取到中央及省补助资金1600万元。三年来，寿宁县依托现代茶业发展项目，认真实施生态立县的战略，以生态茶园建设、品种改良为突破口，以发展"优质、安全、高效"茶叶为目标，进行全面的规划与建设，主要实施了标准化生态茶园建设、茶叶初制加工厂清洁化改造、茶园管理与加工技术培训等现代茶业生产发展项目建设。由于组织措施有力，资金运作规范，寿宁县现代茶业生产发展项目建设进展顺利，三年来项目累计投入产业资金1.3亿多元，其中中央及省补助资金1600万元，县级补助资金2200.7万元。目前项目已全部完成建设任务，取得了显著的经济效益、社会效益和品牌效益。

通过现代茶业生产发展项目建设，寿宁县茶业总量提高，结构更趋合理，有效改变了原有品种单一、生产管理粗放、茶园生态失衡的状况，福云系列品种占茶园面积比例从89%下降到67%。从2008年至2010年三年间，全县共完成茶园生态改良41775亩，完成高优型乌龙茶新品种改良28069亩，其中项目点14789亩。建立300亩以上生态茶园示范基地33个，建设并辐射带动29069亩茶园生态得到改良，通过有机茶认证基地500亩，绿色食品基地一万亩，无公害茶园六万亩。企业规模壮大，质量意识增强，全县332家各类茶叶加工企业中，省市级龙头企业五家，规模以上企业20家，具备精制加工生产线企业20家，三家企业分别获得有机茶认证、绿色食品基地认证、无公害基地认证，11家企业取得了QS认证，在产品加工上基本形成了绿茶、红茶、乌龙茶三大茶类的生产格局，茶叶产业化经营格局初步形成。三年来，通过项目的实施、产业资源的优化整合、管理制度改进、扶持力度加大，相继涌现出除御茶园、龙虎山茶场以外的天福缘、裕发、双秋、天池峰茶叶等一批具有较大影响力的集基地、加工、营销为一体的重点企业，组建成立了聚农、梦仙红、映山红等13家农民专业合作社，全县拥有茶叶销售人员两万人，以陈昌道、叶石生为代表的乡贤，在北京、上海、广州、西安、济南、兰州等二十多个重点城市组建了大型茶叶专业市场，为建立产品的销售网络提供了坚实的基础。品牌建设成效显著，名牌效应突显。近年来寿宁县在做好茶园生态建设、品种改良、茶叶加工质量水平的同时，品牌创建同步推进。在原有"博韵牌"、"京鑫"牌的基础上，成功注册了具有寿宁特色的"三言堂"牌高山乌龙茶和"梦龙春"牌红茶、"裕发园"牌铁观音等商标，各类茶产品在各级茶赛评比中频频获奖，得到广泛认可。

2011年7月12日，经省财政厅、省农业厅检查组人员深入寿宁县武曲镇、南阳镇、鳌阳镇等乡镇实地查看，项目建设得到检查组好评，寿宁县2008——2010年现代茶业生产发展资金项目顺利通过验收。在巩固好第一轮现代茶业生产发展项目的基础上，寿宁县积极实施第二轮现代茶业发展项目。7月中旬，《寿宁县2011——2013年现代茶业生产发展规划》通过省财政厅、省农业厅审批，寿宁县被列入新一轮福建省现代茶业生产发展项目重点县，其首批2011年财政补助资金540万元于8月份顺利到位，为该县进一步建设生态茶园提供了有力保障。

定制"保护外衣"

据寿宁县茶业局统计，2011年寿宁县春茶量多价优，至5月20日，寿宁县春茶产量2459.3吨，同比增长3%；产值1.97亿元，同比增长35%。茶青收购价格大幅提高，其中福云6号均价8.5元/公斤，鲜针均价70元/公斤，金观音均价85元/公斤。制作的红毛茶均价520元/公斤，比2009年增加40%。

是什么让寿宁茶叶身价节节看涨？"品牌和标准化。"这是寿宁县质监局局长吴自铃给出的答案。在寿宁县质监局扶持服务下，寿宁县茶叶品牌和标准化建设工作正迈上新台阶。

2011年4月份，从寿宁县质监局传来好消息，经福建省质量技术监督局批准，寿宁县的福建天禧御茶园茶业有限公司、春伦茶业有限公司成为国家《地理标志产品——福建乌龙茶》专用标志使用单位。寿宁高山乌龙茶实现了国家地理标志产品零的突破，为打造寿宁高山乌龙茶品牌起到带头示范作用。

寿宁县质监局局长吴自铃告诉笔者，成为国家《地理标志产品——福建乌龙茶》专用标志使用单位后，今后福建天禧御茶园茶业有限公司和春伦茶业有限公司生产的乌龙茶，被纳入福建乌龙茶保护范畴，穿上保护外衣，并使寿宁高山乌龙茶"原产地"生态效应得到充分发挥，对保护寿宁县乌龙茶的声誉，维护广大茶农的利益，增加农民收入具有重要的现实意义。在此带动下，2011年下半年，寿宁县又有裕发、双秋、兴昌三家茶企在积极申请国家《地理标志产品—福建乌龙茶》专用标志使用单位。

寿宁高山乌龙茶实现了国家地理标志产品保护零的突破，是寿宁县质监局服务地方经济的一个缩影。该局以抓市场准入为主，以抓地理标志保护产品、名牌和标准化建设等三个方面为辅，积极服务当地茶企，助推茶产业发展。

据吴自铃局长介绍，2007年年底，寿宁县委、县政府提出，把发展茶产业作为当地经济发展的支柱之一。然而，由于各茶企的规范生产、质量管理、技术水平及制作标准的参差不一，至2010年3月，全县有效的茶叶QS证仅2本，不仅制约了当地茶叶产业的迅速发展，而且严重影响了建设"闽浙边界生态新茶乡"的战略部署。作为市场准入的门槛，企业实施QS认证意义重大，不仅关系到企业获得入市资格，还关系到企业的发展壮大、规范生产、质量提升、品牌建设等问题。针对当地实际情况，2010年以来，寿宁县质监局将关注民生的重点放在了帮扶茶叶企业的取证上，组织人员深入企业调研，形成了《关于进一步促进寿宁县高山乌龙茶产业发展的意见》等调研报告，得到了县政府领导的批示；邀请农业局、茶业局分管领导以及福建天禧御茶园茶业有限公司等15家企业负责人，就乌龙茶标准可行性进行了论证，动员企业申报国家《地理标志产品——福建乌龙茶》专用标志使用权；对企业QS取证相关知识进行了培训；派业务骨干多次深入企业，现场指导企业开展QS取证准备工作。为此，市、县两级质监局联手在寿宁召开研讨会等，助推茶产业的发展。随着闽缘茶业有限公司、龙虎山茶场等企业顺利取得QS证，茶叶企业的申证积极性得到了很大的提高，形成了QS新培育、申请、获证阶梯式的培育链。至2011年12月底，寿宁县茶叶QS取证企业达18家，茶叶产品获评福建名牌产品4个，分别为福建天禧御茶园茶业有限公司生产的"御茶园"牌红茶、"御茶园"牌绿茶，福建春伦茶叶有限公司生产的"春伦"牌绿茶，寿宁县兴昌茶厂生产的"心怡香"牌红茶。

为了从源头把住质量关，寿宁县质监局积极争取地方政府的经费支持，投入五十多万元建设寿宁县茶叶检测中心，目前设备已基本安装到位并开始进行初步检验。茶叶检测中心的建成使用，使当地茶叶从种植生产到加工出厂各方面得到标准控制，提高产品的质量和市场信誉度，树立寿宁茶叶质量过硬的良好形象。

吴自铃局长表示，下一步，寿宁县质监局将顺势引导，充分利用职能和技术优势，主动介入，提供优质服务，加快企业取证的速度。同时，加大品牌建设的宣传力度，促进已取证的企业树立品牌意识，加快品牌建设；控制质量，主要是把好厂门关，加大监督和检验力度，提高产品质量，塑造寿宁茶叶质优名贵的形象；规范市场，重点是加强对市场上茶叶冒证、冒牌和掺杂掺假现象的打击，维护企业的合法权益，促进企业有序竞争，推动茶叶市场健康成长。

为申领"身份证"准备

"产业化和品牌打造相辅相成，如果有好品牌，可以拉动茶产业更好发展。寿宁高山乌龙茶一旦获批国家地理标志证明商标，寿宁茶产业就如同鸟儿插上翅膀……"2011年4月25日，继宁德市茶叶品牌暨寿宁高山乌龙茶推介会在北京成功举行后，一场关于茶叶品牌讨论会在寿宁县东区行政中心大楼进行，在寿宁县分管农业副县长吴松兰主持下，寿宁县工商、质监、茶业、农办等多部门负责人就申报寿宁高山乌龙茶国家地理标志证明商标，打造寿宁公共品牌事宜各抒己见，建言献策，见仁见智。

在寿宁县政府牵头下，寿宁县多次召集相关部门召开茶叶品牌讨论会，在成功申请寿宁高山乌龙茶"三言堂"、"戴清亭"、"官台山"、"雪雾青"四个商标的基础上，加快推进"寿宁高山乌龙茶"国家地理标志证明商标申报工作，打造公共品牌，进一步挖掘整理"寿宁高山乌龙茶"的历史文化底蕴。

据了解，对优质、特色地方产品通过申请注册证明商标，实施地理标志法律保护，是国际通行做法，可以合理、充分地利用与保存自然资源、人文资源和地理遗产，有效保护优质特色产品和促进特色行业发展。据统计，国家地理标志证明商标产品比同类产品价格普遍高出20%～90%，已经成为特色农产品和传统产业拓展市场、走市场化经营之路的一块"金字招牌"。

"国家地理标志证明商标的申报，对寿宁县茶产业发展意义重大。目前，寿宁高山乌龙茶国家地理标志证明商标申报工作正紧锣密鼓进行，经过前期筹备，相关材料已于今年6月份上报国家工商总局，有望于明年获批。"寿宁县工商局局长周华武告诉笔者，该申报工作将以"寿宁高山乌龙茶"为公共品牌进行，把寿宁现有的茶叶品牌纳入"寿宁高山乌龙茶"的大范畴。"这次申报的国家地理标志证明商标最大的特点，在于农副产品主打高山品牌。我们生产的高山好茶用什么让市场认可？就是商标品牌。寿宁特定的地理环境生产的特定的高山乌龙茶产品就是标志，一看到这个标志，人们就会知道这是特殊地域产的特殊产品，寿宁高山乌龙茶国家地理标志证明商标到时将和坦洋工夫、西湖龙井一样，都是独一无二的，是别的地方无可替代的。到时，市场方面对商标的认可度更高，市场占有率和茶农效益将市场化，最大限度提高寿宁高山乌龙茶的经济附加值和广大茶农的经济效益。这个品牌将交由茶业协会管理，通过授权的形式授权销售。国家地理标志证明商标申报对寿宁高山乌龙茶今后的市场化规范运作非常重要。"

近年来，寿宁县工商部门将实施商标战略作为服务全县经济发展的突破口，不断完善商标、标志产品服务体系，积极引导和帮助企业实施商标战略，全方位推动品牌经济的发展。县工商、质监局制定了实施商标战略工作三年规划，并立足寿宁县农业特色产业，大力实施农产品商标培育机制。组织对全县涉农龙头企业、农民专业合作社及农产品注册情况进行专题调研，摸清底数。在此基础上，以茶业及农民专业合作社为重点，大力推动"一乡一业、一村一品、一社一牌"发展战略，指导从事茶叶专业合作社申请商标注册，培育、发展农产品集体商标、地理标志证明商标，指导、规范商标的使用和管理，提高品牌化经营水平。

寿宁县工商局积极引入闽南、福州等发达地区企业发展经验、工商服务做法等，促进省内发达地区与寿宁县经济的互相渗透与协作。该局充分考虑全县13多万亩茶园的资源优势和气候优势，开辟绿色通道，协助寿宁县从闽南地区引进的4家优势茶企业顺利注册成立。引导县内32家茶叶加工企业上规模、上档次，至2011年12月，带动全县成立茶叶专业合作社53家，惠及1300户农民，投资总额7998万元，快速提升茶产业生产、加工、销售的整体水平，提高了全县茶产业的竞争力。

当下，寿宁县正以申注"寿宁高山乌龙茶"国家地理标志证明商标为突破口，努力创建寿宁茶叶品牌。县内充分利用电视、网络、报纸各种平台对创牌工作进行宣传，形成全社会共识。2010年7月份，在全县茶叶改植会议上，寿宁县工商局局长周华武就寿宁茶叶创牌工作和"寿宁高山乌龙茶"创地标工作做了深入细致的讲解，取得大会一致好评，并获得县领导的高度评价。此外，为打造寿宁高山乌龙茶品牌，寿宁县政府斥资两百多万元联合省电视台举办"寿宁杯"第二届海峡茶艺小姐电视公开赛等茶事活动，为创牌工作造足气势。寿宁县工商局多次组织人员走访茶园茶企，考察茶叶生产经营状况，走访宁德市档案局、茶业局等单位，查找大量对申注"寿宁高山乌龙茶"地标工作有利的历史文献资料，形成了创建寿宁高山乌龙茶国家地理标志证明商标调研报告，上报寿宁县政府。同时，寿宁县工商局斜滩所联合商标、合同股，指导寿宁县天福缘茶厂更好地运用商标品牌战略，天福缘茶厂生产的京鑫牌红茶"金骏眉"在第八届"中茶杯"全国名优茶评比中脱颖而出，获得特等奖，成为我省在本届"中茶杯"评选中唯一获特等奖的红茶产品。

在争取"一县一驰名，一县一地标"两项突破的同时，寿宁县工商局拓展商标培育注册面，扶持潜力商标。该局以茶叶、花菇、花卉、果蔬等本地特色"农"字号商标为重点，保持跟进新商标培育和潜力商标的扶持。

随着茶产业发展，在寿宁县工商局的服务引导下，广大茶企品牌意识逐步增强。至2011年12月份，寿宁县茶叶类商标从2007年的10件增加至45件，其中，寿宁县裕发茶业有限公司的"裕发园"、武曲兴昌茶厂的"心怡香"、斜滩天福缘茶厂的"京鑫"等商标已普遍得到消费者认可。寿宁县龙虎山茶场的"梦龙春"红茶、清源乡天池峰茶业有限公司的图形商标、南阳含香生态茶业有限公司的"含溪"及图形商标等17件商标申请注册，全县重视商标品牌发展的氛围进一步形成。

如果说，寿宁县高山乌龙茶被纳入国家地理标志福建乌龙茶保护产品之列，是取得了地理标志产品的"保护外衣"，那么，寿宁高山乌龙茶一旦获得国家地理标志证明商标注册，就等于有了自己的"身份证"。寿宁高山乌龙茶注册国家地理标志证明商标后，将成为寿宁茶产业走向市场获得的第一个国家级"名片"，对进一步推动寿宁高山乌龙茶的知名度，增加茶农收入，促进全县茶产业的发展将起到积极的作用，同时对寿宁县的农业和农村经济结构调整、增强农业发展后劲起到强大的推动作用，也标志着寿宁县在特色优势农业的道路上又迈出了一大步。

"五个方案两件事"

2011年5月24日下午，寿宁县委常委会上，李海波书记神情严峻，就打造茶叶品牌问题，和与会人员展开探讨。"这几年，在大家的共同努力下，茶叶改良工作已初显成效，但，大家还得加把劲。"他看了与会同志一眼，"以前主要是种茶，现在茶产品出来了，下一步就得考虑如何定位产品。茶叶历来是半精神产品，我们必须在'精神'二字上下苦功夫。社会各界及专家对我们寿宁高山乌龙茶、高山红茶评价很高，我们虽然有好的茶叶，也有了回头客，但要做大做强，还要做大量的提升工作，首先得有名有姓，形成寿宁独特的茶品牌。"

分管农业的吴松兰副县长向常委会汇报了寿宁县茶产业发展情况和打造茶叶品牌实施初步方案，与会人员就品牌战略运作、提升加工质量、市场建设等方面分别发表了意见。

雷仕庆县长提出："今天会议的关键要把握以下几点：一是改造。有计划地改造，持之以恒；二是培训。重点加大栽培技术的培训力度，特别是高山乌龙茶的栽培管理技术要进一步加强。我们强调的'有机、绿色无公害'，都得通过强化管理工作，才能打造得出来；三是加工。红茶加工的问题不大，乌龙茶不仅要培训加工技术，而且要到生产一线进行操作指导，让乌龙茶制作技术走向成熟；四是品牌。可以采用多种思路，全方位地打造。不仅需要高层媒体的宣传，也需要在现有的茶业市场中，加大我们的推销力度。可以先定几个有一定销售量的厂作为销售点，进行适当补助；五是市场。我们的茶叶，在外面市场主要是依托乡贤，本土市场也要抓紧建设，尽快做好南阳茶叶市场的规划工作，研究一下，抓紧启动；六是政策。除了在改造、培训、销售等方面给予补助，还要包括人才的引进。注重对接，一方面引进管理人才，另一方面抓好培训工作，培养后续人才，将来茶业工作才能接得上去。"

李海波书记不时在笔记本上写着什么。在总结中，他说："今天会议研究的议题，是我们这几年来推进茶业'一号工程'的有机组成部分，议题的核心就是转型。要从原来的品种改造尽快地转型到品牌打造和市场开拓上来。我的体会是：不管茶叶也好，其它产品也好，要真正推动产品的形成和发展，关键要从市场抓起，通过市场这个抓手来推动整个产业的发展。我们今后各项工作，包括茶产业的发展，一定要把注意力和主要精力放在市场建设上。这个市场是广义的市场，而不是简单的市场实体建设。"

　　接下来，李海波书记就"两件事、五个方案"做了具体部署："要发扬务实的精神，抓好几件事：一方面，具体办好两件事。一是寿宁高山乌龙茶国家地理标志证明商标在年底前争取要拿下来，二是"三言堂"等商标今年内争创几个省级的驰名商标，明后年争创国家级的。这项工作主要由工商局为主负责，吴松兰同志继续牵头抓，协调各方面的资源予以协助，茶业局全力配合。另一方面，要做好五项工作的实施方案，这是我们下一步工作的指导思想和保证措施：第一个方案就是南阳茶城的建设，由分管副书记王步金牵头，和包江苏副书记对接一下；第二个方案是高起点的茶叶宣传。由宣传部长林蔚虹同志负责，要明确做法、用力点、着力点，列出方案；第三个方案就是统一对外的高山茶标识。要把寿宁所有的茶叶打造成一艘'航空母舰'，归到一个大类来，就象我们的部队一样，统一着装，一个风格，要从游击队转成正规军，从整体上体现寿宁茶叶的特质；第四个方案就是尽快在全国主要城市布点，开设寿宁茶叶销售窗口。研究一下要在全国布多少个连锁店，要有一个管理扶持的办法；第五个方案就是对外引进龙头企业和对内扶持的实施办法。抓紧成立一个面向全国的茶叶协会，其它县的也可以加入。办公地点和招聘等相关事宜由组织部长姚锡铃同志负责，招聘来的人员可以送去培训。今天会议的要求就是把两个事情办好，把五个方案拿出来。政府先研究一下，等成熟了上常委会研究。"

　　常委会之后，各部门立即召开相关会议，就各方案事宜进行了具体部署。一场关于进一步打造寿宁茶叶品牌的大戏，正无声地拉开序幕。

"十二五"规划绘蓝图

"'十二五'期间，在巩固现有茶园面积的基础上，突出低产茶园的改造，每年新改造和新植茶园面积1.5万亩。到2015年，茶园面积达20万亩，茶叶总产量达到1.6万吨，争取茶叶产值达到20亿元。"这是《寿宁县国民经济和社会发展第十二个五年规划纲要》中，对未来五年寿宁茶产业发展提出的明确目标。这标志着，作为寿宁最大的民心工程、民生工程、"一号工程"，寿宁茶产业将在原有的基础上传承创新，突飞猛进，开创新局面，茶业将真正成为富民兴县的支柱产业。

2011年2月份，寿宁县第十六届人民代表大会第五次会议审议批准的《寿宁县国民经济和社会发展第十二个五年规划纲要》，绘就今后五年寿宁县科学发展、跨越发展的宏伟蓝图，是全县人民共同奋斗的行动纲领，政府履行经济调节、市场监管、社会管理和公共服务职责的重要依据，也是编制相关专项规划和制定年度计划的重要依据。

回眸"十一五"期间，寿宁县紧紧扣住"打基础，保民生"这一工作主线，以豪迈的激情，空前的力度，抒写了后发展山区县聚力奋起、志在超越、志在跨越的美好篇章。寿宁县经济发展实现了一个质的跨越，各项目标任务如期实现，各项指标增幅均居全市前列：2010年，全县生产总值36.37亿元，比增15.3%，增幅全市第三；农林牧渔业总产值15.99亿元，比增4.6%，增幅全市第四；工业总产值42.51亿元，比增41.2%，其中规模以上工业产值36.37亿元，比增46.8%，增幅全市第三；工业用电总量5.77亿千瓦时，比增64.8%；全社会固定资产投资18.06亿元，比增35.2%，其中城镇固定资产投资15.43亿元，比增53.5%，增幅全市第二；财政总收入2.44亿元，比增52.8%，增幅全市第二，其中地方财政收入1.32亿元，比增54.8%；农民人均纯收入5824元，比增11.6%。"十一五"的圆满收官，为"十二五"跨越发展奠定了坚实的基础。

"十二五"时期是寿宁县主动对接"海西"和"环三"发展战略，加快转变经济发展方式，推动科学发展、跨越发展的关键时期，也是推进"闽浙边界生态新茶乡"建设、力争与全省同步实现建设小康社会的决定性时期。

"十二五"规划以科学发展为主题，以加快转变、跨越发展为主线，主动对接"海西"和"环三"发展战略，贯彻中央精神、反映时代要求，符合寿宁实际、顺应群众期待，突出体现在"一个目标"即打造闽浙边界生态新茶乡；"二个突出"即突出特色、突出优势；"三个进程"即新型工业化进程、城镇化进程、新农村建设进程；"四个建设"即产业建设、城乡建设、社会建设、生态建设；"五个能力"即县域综合经济实力、城镇承载辐射能力、特色产业竞争能力、民生保障能力、可持续发展能力。

"十二五"时期，寿宁县将加快转变经济发展方式，全面开创"闽浙边界生态新茶乡"发展新局面。"十二五"规划的主题是科学发展，主线是加快转变，跨越发展。为此，该规划纲要提出"五个突出"即："突出跨越发展、突出转变转型、突出统筹协调、突出民生和谐、突出生态优先"五大发展原则。

根据寿宁县实际，该规划纲要在功能定位上锁定"海西东北翼高山生态茶叶基地、海西东北翼港口经济纵深腹地、海西东北翼对接浙南前沿区域、海西东北翼省际边界绿色长廊"四大功能，以实施人口集聚、区位提升、总量扩张、增收富民四大工程为战略重点，在优化结构、提高效益、降低消耗、保护环境的基础上，提出到2015年，经济和社会发展的预期目标，其中：全县生产总值73.2亿元，年均增长15%；人均地区生产总值2.6万元，年均增长18%；全社会固定资产投资达到62.05亿元，年均增长28%；农业总产值26.3亿元，年均增长7%；工业总产值200亿元，年均增长38.7%，其中规模以上工业产值160亿元，年均增长37%；财政总收入7.02亿元，年均增长25%，农民人均纯收入9127元，年均增长10%。

规划纲要对寿宁县今后农业、工业、城乡建设、民生建设、服务业等方面提出了详实的规划，亮点纷呈。在产业建设方面，规划纲要提出，以高效生态农业、环境友好型工业、现代服务业三大产业为支点，撑起高效生态产业体系。其中，做为高效生态农业一大亮点的茶产业倍受关注。

今后五年，围绕全市突出发展红茶、白茶和乌龙茶三大品种的要求，寿宁县将充分发挥"全国重点产茶县"、"福建十大产茶大县"的优势，继续把发展茶产业作为寿宁最大的民生工程——"一号工程"来抓，下大力气抓好品种优化、技术传播、基地辐射等关键性环节，加快建设无公害茶园等"三品"茶叶基地，全面提高茶叶品质；实施品牌战略，建设茶叶专业市场，全力推进茶叶规模化、标准化生产经营；努力培植知名品牌，在巩固原有历史品牌的基础上，进一步提高"寿宁高山乌龙茶"和"寿宁高山红茶"品牌的知名度，完成"寿宁高山乌龙茶"国家地理标志证明商标的申请审批工作；加快寿宁茶叶综合市场建设步伐，打造闽东北高山生态优质乌龙茶生产集散中心。

市领导的期许

"地偏人有志，自强不息出奇迹。"2011年4月9日，宁德市委、市政府工作检查组赴寿宁县进行工作检查时，时任宁德市委书记、市人大主任陈荣凯用了这样一句话概括寿宁工作现状。时任市长廖小军则这样评价寿宁："挖山填海气魄大、造平原；山区古城建新区、换新颜。"这是市委、市政府领导对寿宁县近年来科学发展、跨越发展的肯定与激励。

作为宁德市的后发展地区，陈荣凯书记十分关注寿宁县的发展，多次率班子成员深入寿宁县进行工作调研，目睹了寿宁县近年来的发展与变化。2008年6月，陈荣凯书记到寿宁县调研指导工作，对寿宁县经济社会发展取得的成效和保持的良好发展态势给予充分肯定和赞赏，就如何立足新起点、保持新态势，不断开创经济社会又好又快发展的新局面，提出了五个"重在"的要求即"重在'三气'、重在责任、重在运作、重在持续、重在实效"。

2009年4月20日，陈荣凯书记再次深入寿宁县调研时，对寿宁县当前茶产业发展的良好态势表示满意，并指出："当前，寿宁要紧紧抓住乌龙茶种植发展的良好态势，进一步引导、宣传、发动，做好品种选择和技术、资金等服务工作，举全县之力推动茶叶品种调整改良，做好茶文章，促进农民增收……"他希望寿宁县进一步重思路、重特色、重互动、重三农、重民生、重基层、重和谐，全面落实科学发展观，主动融入"环三"发展战略，科学谋发展，持续求先行，扎实推进全县经济社会又好又快发展。

2010年5月，陈荣凯书记又一次踏上寿宁的土地时，惊喜地发现，在时任寿宁县委书记李海波、时任县长雷仕庆率领下，经党委、政府和人大、政协各套班子，以及各级各部门的全力推动和共同努力，寿宁县经济发展、城乡建设、民生改善等方面出现了大变化，东区新城初具规模，安居工程造福一万多名困难群众，民生改善也有很大的进步，老百姓增收问题得到解决，农民收入翻一番。

一年后，陈荣凯书记再次莅临寿宁调研时，寿宁各方面呈现的新变化、新面貌让他对寿宁刮目相看。2011年4月9日晚，市委、市政府工作检查组在寿宁县召开工作点评会，听取时任寿宁县委书记李海波作工作汇报。市领导及市直部门、各县(市、区)负责人对寿宁县工作进行全面点评，对寿宁县在重点工作、重点发展、重点推进工作上给予高度评价。

陈荣凯书记指出，寿宁是山区县，立地条件差，困难大，能够做出这样的成效，有四个方面非常值得学习：一学精神、学志气。如果没有良好的精神状态、创业激情、争先进位的志气，全力以赴杀出一条"血路"，实现新的突围，就没有今天的成绩。对寿宁的发展成果，我们要读出蕴含其中的精气神，这是推动发展的内力，非常重要。二学转变观念。按传统看，寿宁县是"省尾"，处于宁德市的边缘，但是，换个角度看，寿宁县却是对接"长三角"的最前沿。寿宁县抓住这个凸显优势，转变观念，谋发展，促发展，推出了万亩工业区，这在过去是无法想象的，成绩有目共睹，若只靠资源优势谋发展就没有这样的速度。转变观念是我们开展各项工作的必要，发展与变化是客观规律，必须通过转变观念，才能客观的进行判断分析，把握机遇，求得发展。三学思路，谋划发展的思路。寿宁县立足自身条件，咬住青山不放松，从县情出发找优势，创出自己的特色。我们在"环三"定位中要求"强特色、重互动"，就是要把特色文章做足，也正是有这样的思路才有今天的发展。我们常说思路决定出路，就是要先谋后动，谋有凭，动有据。正确的思路是求发展的前提。四是学落实。工作讲责任、讲效率、讲成效。寿宁万亩工业区才三个月规划就出来了，是史无前例的，落实工作非常重要，只有有效落实才能使黄土变成金。

陈荣凯书记指出，从寿宁县的发展得出几个启示：一是山区可以跑前头。一样可以快发展，一样可以推进工业化进程。二是山头也是大优势。只要有"愚公移山"的干劲，一万亩、两万亩都能挖得出来，像寿宁建新城、建工业区，都是挖山挖出来的，寿宁都能解决，其他的还有哪个不能解决的，当然要讲究不破坏生态，不影响环境。三是善于汇聚智慧和力量，共求发展。发展是全社会的共同目标，拥有广泛的社会基础。不仅要向内看，做好本区域内的凝心聚力工作，还要向外看，把在外乡贤的资源利用好，把一切有利于我们发展的因素利用好。这也是寿宁发展取得成效的一个重要启示。

会上，陈荣凯书记语重心长地送给大家一句话："冯梦龙在寿宁写的《寿宁待志》里有一句话'勤能补拙、廉能补匮，干一分亦算一分公业。'非常符合胡锦涛总书记提出来的'为官、为民、务实、清廉'，送给当今的县令们，希望大家切实按照中央和省委的要求，为官一任、造福一方。"

廖小军市长则用这样一句话点评寿宁："挖山填海气魄大、造平原；山区古城建新区、换新颜。"他指出，山区县在抓工作方面同样是抓得早、抓得紧、抓得实，有为、有形、有效。寿宁县经济增长速度快、效益好。福建省委、省政府对去年各个设区市、县、区实行工作绩效的考核奖励，其中有8个县、市（区）拿到了500万元以上的奖金，其中宁德地区就占了五个，这里面包括寿宁、柘荣，包括市本级、福安、周宁。他说："山区县给我留下深刻的印象有：一是信心比黄金，自强不息，弱鸟先飞，充分体现了闽东精神。虽然山区县困难不少、条件比较差，但这里的干部、群众充满信心，有一种艰苦创业、自强不息的精神状态，有一种不甘落后、弱鸟先飞的拼命精神。二是立足县情，因地制宜，发挥优势、发展特色。寿宁不容易，能够在原有的基础上创新发展茶产业，寿宁茶叶种植面积位居全市前列，跟福安差不多，不相上下。寿宁在原有茶产业中提升，由过去不值钱的绿茶到现在的高山乌龙茶，致力于品种的创新、品牌的打造，走出自己的特色路子。三是虽然任务重、责任大，但干劲足、精神好。大家不甘落后，有一种倒逼机制。山区如何杀出一条血路？寿宁县有自己的特色。县委、县政府班子精神状态好，想做事，想做大事，而且能做和干出大事来，找准自己工作的突破口，形成自己工作的亮点，来激励全县人民。寿宁推进高山乌龙茶，寻求突围，跳出老的框套，建设东部新城，鼓舞士气、凝聚人心、奋发向前。"

对于寿宁县今后的发展，时任市长廖小军建议：一是充分利用交通设施进一步改善提升的时机，掀起新一轮的建设和发展；二是解放思想、转变观念，建设发展、服务发展；三是加快县城东区、新区建设，要注意项目带动，要有产业、人口、市场等方面的支撑。

"雄关漫道真如铁，而今迈步从头越。"时任市委书记陈荣凯、时任市长廖小军对寿宁县工作的充分肯定、高度评价和精彩点评，"给力"寿宁，为正在发展中的寿宁进一步注入信心，指明了发展方向和美好前景。

第六章

茶路悠远香绵延

　　2011年6月23日，宁德市妇联党组书记、主席卓晓銮到任寿宁县委书记，宁德市旅游局党组书记、局长黄国璋到任寿宁县委副书记、县政府代县长，寿宁跨越发展的"接力棒"传到了新一届县委班子手中。

　　……随着万亩工业园建设的推进，"两镇同城"格局的构建，随着四通八达交通网络的逐步拓连，随着日后高速公路向寿宁敞开宽阔的大门，寿宁茶业将插上腾飞的翅膀，提速走向五湖四海，迎来跨越发展的黄金时期。寿宁茶叶香飘四海，寿宁人民脱贫致富奔小康指日可待。

2011年7—10月，寿宁县委书记卓晓銮、县长黄国璋分别深入各乡镇茶基地、茶企调研，了解茶业发展情况。

新一届县委班子接过"接力棒"

"寿宁茶叶香飘四海之日，必定是寿宁人民脱贫致富奔小康之时。"对于这句话，寿宁人并不陌生。这是原寿宁县委书记李海波在多个场合常说的一句话，既是他对寿宁茶业发展寄予的期望，也是人们对寿宁茶业美好发展前景的期待。原寿宁县县长雷仕庆对茶业的前景同样充满信心："寿宁茶业必将走出山门，走向国内外，明天会更好。"在美好的期待和祝愿后面，他们深知，一个产业的成长、成熟需要经历长时间的发展过程，寿宁茶产业的发展不是一朝一夕的事情，"闽浙边界生态新茶乡"的真正确立，依然任重而道远。

2011年6月23日，宁德市妇联党组书记、主席卓晓銮到任寿宁县委书记，宁德市旅游局党组书记、局长黄国璋到任寿宁县委副书记、县政府代县长，寿宁县跨越发展的"接力棒"传到了新一届县委班子手中。

7月1日——2日，中国共产党寿宁县第十二次代表大会隆重召开。大会听取、审议、通过了寿宁县委书记卓晓銮代表中共寿宁县第十一届委员会作的题为《凝心聚力 苦干创业 努力推进闽浙边界生态新茶乡又好又快发展》的报告，听取、审议、通过了县纪委书记黄远航代表中共寿宁县第十一届纪律检查委员会向大会做的工作报告。会议选举产生了新一届县委领导班子和新一届县纪委领导班子，以及寿宁县出席宁德市第三次代表大会的代表。

在报告中，县委书记卓晓銮全面回顾了过去五年寿宁县经济社会发展取得的不平凡成就和工作经验，提出了今后五年工作的总体思路：今后五年，寿宁县继续按照县委第十一届六次全会确定的思路，一以贯之地坚持"一条主线"即科学发展，实施"四大战略"即生态立县、农业兴县、工业富县、教育强县，壮大"六大产业"即茶业、林业、水电、冶金、矿产、旅游，提升县域经济综合实力和竞争力，努力开创闽浙边界生态新茶乡又好又快发展的新局面。

报告提出寿宁县发展的主要奋斗目标：到2015年，地区生产总值突破70

亿元，确保翻一番；工业总产值突破200亿元，确保翻两番；全社会固定资产投资突破60亿元，确保翻两番；财政总收入突破十亿元，确保翻两番；农民人均纯收入突破一万元，确保翻一番，在全省排位明显提升，成为实力较强的山区县之一，树立闽浙边界山区县新形象。

为此，寿宁县必须致力抓好六个重点工作：以打造"万亩工业园"为重点，壮大经济总量；以构建"一城两区"为重点，拓宽发展空间；以加快出省出县通道建设为重点，凸显区位优势；以实施茶业改造发展为重点，拓展致富渠道；以建设"绿色寿宁"为重点，培育生态优势；以改善和保障民生为重点，促进社会和谐。

在涉及寿宁民生的茶业改造方面，报告提出，继续实施茶改"一号工程"，把茶业改造发展作为寿宁县最大的民生工程和民心工程，进一步推动茶产业壮大发展，积极发展高效生态特色农业，提高农业生产市场竞争力和规模效益，千方百计增加农民收入。以"寿宁高山乌龙茶"名列全市三大茶叶主打推介品牌为契机，下大力气抓好品质提升、品牌建设、市场开拓等关键性环节，全力推进寿宁县茶产业发展，致力打造闽东北高山生态优质乌龙茶生产集散中心。加快建设无公害茶园等绿色茶叶基地，大力推广优质高效的茶园管理实用技术，培养壮大制茶能手队伍，全力推进茶叶规模化、标准化生产经营，全面提升茶叶的规模和品质。尽早完成寿宁高山乌龙茶国家地理标志证明商标的申报和茶叶标准体系建设，做好"三言堂"公共商标争创省级乃至国家级著名商标工作，致力打造"寿宁高山乌龙茶"、"寿宁高山红茶"公共品牌。大力引进扶持壮大龙头企业，鼓励支持茶企申报QS认证，创建驰名品牌，全面提升品牌的生产力和竞争力。加快寿宁茶叶综合市场建设步伐，努力建成南阳千亩茶城，构建基本遍布全国大中城市的茶叶销售网络，形成规模化的市场效益，高档次、高起点、全方位包装推介寿宁茶产业，全面提升寿宁茶产业影响力和占有率，实现向"效益型"转变。力争到2013年，茶业总产值、茶农收入翻番。到2015年茶园面积达20万亩，茶业总产值达20亿元，实现翻两番的目标，进一步推动茶产业成为富民兴县的支柱产业。

亮到凌晨的灯

夜色降临，美丽的东区成了人们争相休闲娱乐的好去处。五彩斑斓的灯光将东区妆点得流光溢彩，一道道不断变幻的景观灯，在石桥、湖面、广场、楼阁间不断流动，一遍遍活画出东区美丽的轮廓。在这里，人们乘上画舫畅游梦龙湖，在廊亭内开心地闲坐乘凉聊天，看音乐喷泉随音乐高低起舞，听茶楼前的LED大屏幕播放各类热点新闻，梦龙广场上的人群跳起健身热舞，孩子们穿上溜冰鞋来回穿梭，俊雅的人们在茶楼内品茗聊天。喧嚣都市的人们不会想到，地处大山深处的寿宁之夜，是这样一片热闹欢乐而轻松愉悦的海洋。

然而，寿宁县委书记卓晓銮、黄国璋县长无心观赏这样的美景。在他们办公桌上，堆满了一叠叠厚厚的资料。白天深入各乡镇、各部门调研，实地查看县城各项建设情况，晚上阅读资料、约谈各部门、各乡镇负责人，尽快了解、熟悉寿宁县各方面情况，成了卓晓銮书记、黄国璋县长上任伊始的主要功课。"在现有基础上，怎样才能发挥寿宁优势，做好经济社会各方面发展文章？"随着这些思考的深入，他们在资料的重要地方圈划，在笔记本上记录，思路亮点在脑中不断闪现。一个又一个夜晚，他们窗前的灯，直亮到凌晨。

望着窗外的重重远山，卓晓銮书记想起了在托溪乡八定岔下乡的情景。7月份，卓晓銮书记、黄国璋县长带领县各套班子及有关人员对全县各乡镇展开调研。7月13日，在托溪乡调研时，卓晓銮书记一行沿着盘旋而上的盘山路，来到八定岔高山茶生态基地察看。站在海拔近700米的广袤山头上，俯视周围，巍巍群山尽收眼底，令人心旷神怡。眼前基地一行行整齐的茶树在午后的阳光下闪着金亮的光，卓晓銮书记细心询问茶基地建设情况，详细了解托溪乡茶产业发展状况。寿宁县云雾茶业公司负责人的一句话让她印象深刻："书记，对发展茶业我们很有信心，周围的群众都跟着我们干！"在调研中，卓晓銮书记也了解到，各茶企发展存在一定的困难，希望县委、县政府进一步加大扶持力度。

8月8日，县委书记卓晓銮带领县委副书记王步金、副县长吴松兰、科技副县长徐飙等县领导，深入县茶业局调研，开展建言献策和征求建议活动，探讨进一步推进茶产业持续稳健发展之路。

在茶业局，卓晓銮一行观看了寿宁茶业图片展，听取寿宁县茶业局局长王允斌的工作情况汇报，王步金、吴松兰、徐飙等县领导及茶业局专业人员针对县内生态茶园建设、产业化问题、龙头企业、品牌带动、茶改任务和政策、乌龙茶、红茶加工等问题作了发言。卓晓銮书记指出，近几年来，寿宁县下大力，花血本，茶改"一号工程"所带来的经济效益凸显，但在加工品质、宣传品牌等方面还跟不上时代的高端，存在一定的差距，今后要把有限的资金、有限的精力用在刀刃上，在务实上求突破。她强调，今后要进一步优化扶持政策、优化发展思路、优化资源整合、优化宣传方案。要立足生态优势，突出科技提升，其关键在于思路决策，各相关部门要积极建议献策，征求专家及各界意见建议，拟定最佳发展方案，让茶产业得以稳健持续发展，让"一号工程"真正成为人民群众的富民产业。

高山茶再传捷报

"好消息！寿宁高山茶又获大奖了！"2011年8月10日，当获悉在第九届"中茶杯"全国名优茶评比活动中，寿宁高山茶荣获五个奖项，寿宁县茶业局局长王允斌按捺不住心头的兴奋之情：寿宁高山茶在品牌打造上又迈出了一道坚实的步伐！

据了解，第九届"中茶杯"全国名优茶评比活动共收到国内18个产茶省市、地区选送的茶叶样品793个，其中绿茶585个，红茶112个，乌龙茶45个。其特等奖获奖比例仅为15%，一等奖获奖比例在45%左右。

由寿宁县选送的寿宁高山茶再次呈现在评委们苛刻的眼睛面前。经过对茶样的色、形、香、味等方面按标准仔细评审、反复比对筛选，寿宁高山茶共荣获5个奖项，其中2个特等奖和3个一等奖。由寿宁县鸾峰茶业有限公司生产的"高山乌龙红"和"金骏福宁眉"从众多茶样中获得了评委的高度评价，双双荣获红茶类特等奖；由福建省天禧御茶园茶业有限公司生产的"御茶园"

牌金闽红、寿宁县天福缘茶厂生产的"京鑫"牌晶丹红、"京鑫"牌金骏眉、寿宁县兴昌茶厂生产的"心怡香"牌长相思工夫红茶分别荣获红茶类一等奖。

寿宁县茶叶再度在全国性的重要茶叶评比活动中一举荣获多个奖项,令人欢欣鼓舞。特别是对于下党乡来说,寿宁县鸾峰茶业有限公司两个茶样首次双双折桂第九届"中茶杯",对于带动该乡茶业的发展有着非同寻常的意义。下党乡党委书记叶家双欣喜地告诉笔者,经过发展,目前下党乡已有7家茶业企业,其中,寿宁县鸾峰茶业有限公司是下党乡党委、政府扶持发展的首家龙头企业,虽然企业规模不算大,但茶叶的生产加工水平不断提高,所产红茶量好质优,此次夺冠"中茶杯"也进一步证明了茶叶的上乘质量,目前该企业已经取得了QS认证。该乡在重点发展红茶的基础上,引导群众走生态发展之路,大力发展生态茶园,生产生态的绿色产品。同时,针对铁观音生产加工技术较薄弱现状,该乡加大培训力度,邀请县农业局、茶业局专业人员举办红茶、乌龙茶生产加工技术培训,受到群众的欢迎。接下来,下党乡将充分发挥龙头企业的作用,在鼓励扶持鸾峰茶业有限公司继续发展、做大做强的基础上,培育壮大龙头企业队伍,将扶持发展两三家龙头企业,形成群体,发挥效应,鼓励企业申请QS认证,从而带动该乡茶业大步发展。

寿宁县鸾峰茶业有限公司负责人王祖明告诉笔者:公司生产的"高山乌龙红"和"金骏福宁眉"红茶在中茶杯中同时获特等奖,给了他意外的惊喜,同时也成为他进一步发展茶企的"源动力"。寿宁县鸾峰茶业有限公司前身为下党乡茶叶加工厂,在乡党委、政府的鼓励扶持下,正在逐步发展中。公司投资一百七十多万元,所建基地在海拔900米的生态茶园,雾浓霜重的地理优势,使得所产茶叶具有天然的优异品质。公司目前拥有乌龙茶、红茶、绿茶3条生产线,从2011年3月15日开始精制茶叶,至5月15日两个月时间里,已生产干茶两万斤,产值八十多万元,产品销往北京、广东、武夷山等地,深受市场欢迎。除了计划扩大茶企规模,眼下王祖明还有另一个打算:在寿宁县城办个茶叶代销点,并在福州、广州开办批发点。目前,王祖明正忙着为批发点进行选址考察。

茶界泰斗张天福了却夙愿

"寿宁，我回来了！"青山绿水间，随着心底一声热切的呼唤，张天福先生热泪盈眶。

2011年8月16日，年近103岁高龄的中国茶界泰斗、著名茶学专家、世纪茶人张天福回到魂系梦牵的第二故乡寿宁，一双历经沧桑的眼睛饱含深情：山，还是那一座座青青的茶山；人，还是当年那朴实热忱的人。时间流逝，这之间积淀了整整32年的相思！

张天福先生是中国久负盛名的茶学专家、制茶和审评专家，1910年8月出生，福州人。1932年，他从南京金陵大学农学院毕业，获农学学士学位，在省农业厅工作。长期以来，他从事茶叶教育、生产和科研工作，特别在培养茶叶专业人才、研制制茶机械、提高乌龙茶品质等方面做出巨大的贡献。他晚年致力于审评技术的传授和茶文化的倡导，特别是对有机茶园的建设探索，倾注了毕生的心血。他是中国近代茶产业的先驱，被尊为"茶界泰斗"，名字列入《中国农业百科全书》中自"茶圣"陆羽之后的中国十大茶叶专家，也是目前中国十大茶叶专家中唯一的健在者。

"寿宁是我的第二故乡。"重新踏上寿宁这片熟悉的土地，张老激动不已，百感交集："我在这里工作了整整九年，1979年才离开。回福州后经常梦回寿宁，梦见寿宁的茶叶。"一生从事茶叶工作的张天福情系寿宁，对于寿宁品质优异的高山茶叶念念不忘，一直关注寿宁茶产业发展、寿宁茶叶的质量与销售、寿宁茶农的收入与生活。这次重返故地，除了进行茶事活动，张天福老人还有一个心愿：实地考察选址，建立高标准生态有机茶示范基地，让人人都能喝上有机放心茶。

8月16日至20日，张天福先生携夫人张晓红女士，和长期心系寿宁茶业发展的原宁德地委书记、省老促会副会长吕居永，原省人大常委会副主任、省老促会副会长郑义正，原省政协副主席、省扶贫两会会长陈增光，原省农业厅巡视员叶恩发、省财政厅副巡视员吴发金等老领导及省茶叶专家一行踏上寿宁的土地，受到寿宁县委、县政府及有关部门、乡镇领导的热烈欢迎、精心安排和大力配合。在寿宁县委书记卓晓銮、县长黄国璋的陪同下，张天福一行先后深入武曲、清源、南阳等乡镇，调研指导寿宁茶产业稳健发展与建设有机茶示范基地等相关事宜，并参加了由省扶贫基金会、省扶贫开发协会在寿宁县竹管垄乡举行的"造福工程"华东新村捐赠仪式，华东新村获捐赠100万元用于基础设施建设。

炎炎夏日骄阳似火，暑气逼人闷热异常，连日来，张天福先生顾不得按当地行程表上半天考察半天休息的安排，在各乡镇间马不停蹄考察调研，不辞辛劳，精神矍铄。为准确选址生态有机茶示范基地，他深入武曲镇桦垄、梅洋、清源乡里洋仔等村庄考察比较，还准备前往坑底乡寻找。当听说南阳镇龟岭岔自然村山上有一片未曾开发的山地时，张天福迫不及待要前往考察。然而，通往这片山地的机耕路路面狭窄且路况不好，前面探路的车子轮胎陷入坑洼，当地政府急忙安排群众紧急修葺机耕路，但最快也得第二天才能通行。张老只好按捺住自己急切的心情，吩咐明天再去。

8月19日，张天福老人来到龟岭岔自然村山上。虽然乘车一路颠簸十分疲乏，但下得车来，张天福眼前一亮：浑圆的山岗、清澈的山泉，深褐色的土质，海拔600至800米的原始林草地，又没有开垦史，这正是创建"有机茶示范基地"的天然"处女地"。张天福脸上露出笑容，兴奋得如同哥伦布发现了"新大陆"，他认真察看了地势、水源、土壤，了解此地气候状况，与考察调研的老同志相互交流看法，对这里中海拔、立地条件好、水源有保障的自然环境深表满意。他高兴地连连点头，对一路陪同的寿宁县领导说："这里是个好地方，明天即可修路了！"有机茶基地选址就此基本确定下来。

"我最大的心愿，就是让人人都能喝上有机放心茶。"绿色有机茶是一种无污染、纯天然的茶叶，是茶叶中最高品质的代表，也是张老毕生追求的目标。晚年张老致力于审评技术的传授和茶文化的倡导，特别是对有机茶园的建设探索，倾注了他毕生的心血。生命不止，探索不息，这是张天福教授晚年的座右铭，而言必行，行必果是他践行茶道的高尚品格，张老晚年的一大心愿，就是在第二故乡寿宁县建立高标准有机茶示范基地，如今，承载着张老夙愿的这块土地找到了！

张天福先生的多年夙愿终于得以实现。笔者获悉，张天福有机茶示范基地选址确定后，寿宁县委、县政府精心部署迅速行动，2011年10月15日，寿宁县政府下发通知，成立张天福生态有机茶基地建设协调领导小组，并基本确定了张天福生态有机茶建设方案。10月下旬，"张天福有机茶示范基地"的土地测量、规划工作全面展开，征地、绿化、道路、水利等茶园开发的前期工作也在县委、县政府周密部署下有条不紊进行。按照方案，张天福有机茶示范基地规划建设面积为1000亩，由福建达敏农业综合开发有限公司投资三百多万元分期进行建设，茶叶品种以适合寿宁种植的白芽奇兰、金观音、紫观音等品种为主。其首期一百多亩茶基地建设计划在2012年春节前完成，并种下第一批有机茶。11月25——27日，第五届海峡两岸茶博会在武夷山举行，寿宁县组团到会参展。茶博会上，寿宁县农办与福建达敏农业综合开发有限公司签订了"张天福有机茶基地建设项目"协议。依托张天福有机茶基地建设，寿宁县还将进行生态有机茶庄园、茶叶产业集中区和高山茶城建设等，进一步弘扬张天福茶文化和寿宁梦龙文化、廊桥文化、状元文化、红色文化等，让寿宁高山生态茶叶走得更远，助推茶产业发展。

据了解，有机茶园是纯有机肥料和农家肥栽培的茶园，被称为世上最健康、最生态的茶园，在茶园环境、肥料选择、茶园开发、茶树栽培等方面有非常严格的要求。寿宁县张天福有机茶示范基地将根据张天福提出的有机茶园建设理念建设，强调茶园种植的科学栽培方式方法，充分利用表土养分，在茶园里建设竹节沟，防止梯层的水土流失。张天福表示，今后将利用基地的开发建设，组织并指导茶农进行科学种植、规范生产，确保茶叶从种植到生产全过程的可控性及追溯性，为茶农提升茶叶品质、增产增收起到示范作用。

"把脉"茶产业发展

8月20日下午，寿宁县召开茶产业发展专家座谈会。会议由县长黄国璋主持，县委书记卓晓銮致辞。茶界泰斗张天福、省老领导吕居永、郑义正、陈增光、叶恩发等到会指导，省农林大学教授郭雅玲、省农业厅种植业技术推广总站站长高峰等省内著名茶业专家参加了座谈会。

　　汇聚这么多省老领导及省茶叶专家为茶产业发展共同"把脉"，在寿宁县茶业发展史上还是首次。会上，专家们研讨茶产业发展方向，共商发展良策，并与县委县政府、茶企领导共同探讨建立高标准生态有机茶园、进一步发展茶产业等事宜。

　　座谈会上，张天福教授做了题为《建立高标准生态茶园的必要性与技术要求》的报告，从茶产业长远发展的战略高度，阐述了建设高标准生态茶园的必要性和重要性，对其技术要求和实施要点进行具体分析和讲解。张老认为，生态文明是贯彻科学发展观、实现可持续发展和构建和谐社会的重要举措，把握好生态文明的主要内涵，要处理好三方面的关系：发展经济与节约资源、保护生态的关系；法制建设与文化建设的关系；科技创新与生态文明建设的关系。建立高标准生态茶园的技术创新就是为生态文明建设提供有力的科学依据和技术支持。联系到当前发展新茶园，他认为，不应只满足于茶园不受污染这一单项要求，应从长远看，必须抓紧当前大好时期，大力推行建立等高梯层、利用表土回园等措施的高标准生态茶园，才能达到保留水、土、肥不流失，借以保持供茶树可持续高产、稳产、优质的土壤条件，并奠定机耕茶园、机采茶叶的基础。建立高标准生态茶园，必须注重"源头创新"从头做起，采取的是"梯层茶园表土回园条垦法"，要求做好第高梯层、缓路横沟、深挖条垦、心土筑埂、表土回园、良种壮苗、条植绿化七个技术环节，通过五个结合即表土与施基肥结合、心土与夯筑梯埂结合、条垦深耕与浅耕结合、蓄水与排水结合、等高梯面并平整的树冠与机采结合，达到茶产天然无污染、茶园水土不流失、丰产稳产优质、节省成本提高功效的四大效果。

　　吕居永、郑义正、陈增光、叶恩发等与会领导和茶叶专家们对寿宁县茶业发展现状进行分析点评，并与企业代表互动座谈，就如何立足新起点，进一步推进茶产业转型升级，实现茶业"兴县强农"提出指导性意见。专家们分析认为，目前寿宁茶产业发展现状是：不缺种茶的，缺的是种植安全优质的茶叶；不缺茶叶粗加工的企业，缺的是先进的工艺、技术和设备；不缺一般的茶叶品种，缺的是知名品牌和销售的渠道。在稳定茶叶产量的同时，寿宁县茶产业要更加注重茶叶品质提升、茶叶品牌打造和茶叶市场开拓，实现整个产业的转型升级。专家们建议，一是以这次张天福老人提出在寿宁建设有机茶生产基地为契机，推进高标准生态茶园建设，逐步解决茶叶安全和品质问题；二是根据市场的需求和不同的区域环境做好产品布局，走多元化发展，多品种生产的路子，逐步推广、改造寿宁旧茶园，推广茶叶新品种，对抗病虫害强且耐寒的老茶树有选择的加以保护和开发；三是引进有实力的企业和人士，参与寿宁茶叶品牌的打造，并建立一个茶叶精加工生产园区，通过精加工，提高附加值；四是建立一个茶叶原产地的交易集散中心，解决千家万户跑市场、销售难的问题。

原省人大常委会副主任郑义正表示，这次考察活动时间虽短，但收获很大，亲身近距离受到张老的再一次熏陶，再一次教育，再一次启迪。他提议，学习张老的人生、人格、人品；学习张老的茶礼、茶道、茶德；学习张老对寿宁的情感、情怀、情愿。

郑义正主任对寿宁县发展茶产业工作提出指导性建议：一是确立"以茶兴县"战略，把茶业真正当作民生工程、富民工程、幸福工程来抓。茶业既是农业，又是工业，也是商业。无农不稳，无工不富，无商不活。抓住茶业就稳了农村，富了农民，活了企业。二是党委、政府、部门、企业、群众齐心协力，共同奋斗，努力做到高产、稳定、优质，大力发展寿宁生态茶，真正实现以茶兴县。三是重视稳定数量，提高质量，确保效益。全县现有13.3万亩茶园，数量已经不少。为了更好地保护生态，除了经过批准建立高标准生态茶园外，原则上不再扩大面积。现有茶园通过科学耕作，科学管理，努力提高质量，争取更好的效益。四是通过技术革新，对高中低海拔的茶园，分类指导，因地制宜，提高单产，提升质量，打出自己的品牌，创造名优精品，实行产供销一条龙，建立寿宁茶叶原产地批发市场。逐步改变只做嫁衣裳，收入低，附加值低，效益低的状况，真正闯出寿宁高山名优茶的路子，实现以茶兴县。五是抓紧落实张天福老先生建立高标准有机茶示范基地的心愿，尽快组织专人进行勘察、规划、征地，提出可行性方案，尽早行动，抓出成效。投资方福建达敏农业综合开发有限公司要提前介入，力争明年春季种下第一批茶叶，2013年开采茶叶，制作出有机放心茶，让张老满意、放心。

郑义正主任希望，在寿宁县委、县政府的共同努力下，寿宁县茶产业发展更上一层楼，同时希望寿宁县委、县政府尽最大努力，建设张天福有机茶示范基地，早日实现张老心愿，让人人都能喝上有机放心茶，让张老再了一个心愿。

县委书记卓晓銮、县长黄国璋十分感谢省老领导和专家们对寿宁茶产业发展提出宝贵的指导性意见。卓晓銮书记表示："茶业是寿宁县的一个重点产业、特色产业，寿宁高山乌龙茶是寿宁县的名片，县委、县政府已经把发展茶产业列入寿宁县产业发展规划中，作为民生工程、富民工程、幸福工程，继续开拓创新，科学发展。不仅从茶产业实体的各个环节上抓紧提升，促升级，创品牌，打市场，还要从茶文化上做文章，通过打造富有特色的寿宁茶文化，丰富寿宁茶产品的精神内涵，从而促进茶产业的高品位发展，适应未来市场的需求。今天这场座谈会，也是我们发展茶产业的一个重要工作内容，能得到张天福先生、省老领导和专家的关心支持，我们倍感荣幸和鼓舞。我们将尽快组织安排，抓紧落实，尽早完成张天福生态有机茶基地建设工作。"

新《意见》出台

在深入各部门、茶企调研探讨，听取各方面意见建议，组织考察团赴泉州安溪、漳州平和等县考察、取茶经的基础上，寿宁县多次召开政府会议、常委会等，对茶产业发展进行研究探讨。2011年10月20日，寿宁县委、县政府制定出台《关于加强茶产业发展的若干意见》（以下简称《意见》），在原有基础上，对茶产业这一寿宁最重要的民心工程、民生工程、"一号工程"的目标定位、优惠政策、组织保障等方面作了进一步规定，加强对资金投入、生态茶园建设、源头质量监管、技术培训、龙头企业培育等各项工作的力度，在新的起点上推进茶产业发展提档升级。

《意见》明确了今后三年加强茶产业发展的目标定位：在稳定全县13.3万亩茶园面积的基础上，按照发展生态茶园、多茶类并举的思路，分步组织实施老茶园改造、逐步调高高优品种茶园比重。同时，以无公害、绿色食品为主攻方向，切实加快茶叶基地建设步伐，依托现代茶业基地建设的示范辐射，走"龙头带基地、基地联农户"的产业化经营道路，加快形成"基地标准化、生产规模化、经营品牌化"的格局，使茶产业真正成为富民强县的支柱产业。

《意见》规定，加大资金投入，县政府每年多渠道投入茶产业发展资金不少于1000万元。同时，县政府视情每年从土地出让金中提取适当比例用于发展茶产业，扶持茶叶生产加工、技术培训、良种引进、设备购置、品牌推介、食品生产许可证申报、食品安全检验和治理茶叶农残等。

加快高优生态茶园和农业标准化示范区建设是推进茶产业发展的重要手段，也是今后寿宁县茶业工作的重点之一。《意见》规定，今后建设生态茶园，增强寿宁茶产业发展后劲。利用中高山区适茶荒山有序开垦新植高优品种；鼓励中、低山茶区适当退茶还林和高山区荒田还林、还茶，享受造林优惠政策；鼓励组建茶叶专业合作社和茶园有序流转经营；支持规模加工企业建立茶叶生产基地，实行标准化生产管理；从2011年起，对农户、茶叶专业合作社、茶叶企业改造、垦复旧茶园，按生态茶园建设标准进行园改、树改、实施农业五新技术，茶叶种植户连片五亩以上每亩补助500元，企业基地连片50亩以上的每亩补助400元。

在强化质量监管，把好源头管理关方面，《意见》规定，加强农药市场管理，建立全县茶叶农资产品准入和报备制度。禁止高毒高残留农药、除草剂、生物调节剂等在茶园使用。供销、农业、茶业、质监、工商等部门要加强对全县农药、化肥等农资的监管。质监部门茶叶质量检测中心要定期组织茶叶质量抽检，逐步健全茶叶质量可追溯体制。

在加大培训力度，建设技术队伍方面，《意见》规定，依托龙头茶企开展茶叶种植、加工、市场营销等实用技术培训工作，每年累计举办各类茶叶生产、加工技术培训班不少于十期，三年培训1500人以上。建立、完善基层茶叶技术队伍，茶业局对各乡镇上报的茶技员每年考核一次，实行动态管理。加大茶叶技术人才的引进和培养力度，适时在职业中专举办茶叶专业班，补充乡村茶技队伍。鼓励高校毕业生返乡参与茶业创业，鼓励茶技人员以技术、专利等知识产权入股，参与兴办茶企业。

在培育龙头企业，提升产品质量方面，《意见》规定，积极引进茶叶龙头企业在寿宁县设立规模化生产、加工基地，引导建立茶叶加工集中园区。对茶叶龙头企业和投资新办的规模以上茶企，以及引进的上规模茶企，将执行相关优惠政策。对新建、翻建茶叶加工厂房按照标准建设，面积300平方米以上且购置设备投入正常生产的，给予补助两万元，通过QS认证的企业补助两万元。重点培育和打造一批具有寿宁优势和特色的省、市级品牌企业，获得省著名商标、省名牌产品的给予奖励五万元；在"中茶杯"评比中获得特等奖、一等奖和福建省农业厅名优茶评比中获得名茶、优质茶的，分别给予奖励一万元和5000元。

在实施品牌带动方面，《意见》指出，重点加快寿宁高山生态茶等公共品牌和突出地域特色的品牌创建工作。在申报"寿宁高山乌龙茶"国家地理标志证明商标的基础上，适时组织申报"寿宁高山红茶"和"寿宁高山绿茶"国家地理标志证明商标。积极鼓励和引导企业申报和创建国家级、省级农业茶叶标准化示范区，对获批企业分别奖励五万元和三万元。积极鼓励企业创建绿色食品、有机茶基地，对获得以上相关认证的企业奖励三万元。对于企业按照县茶叶公共品牌要求，在外设立大型户外广告，经茶业主管部门同意，给予不超过广告费50%的补助。对于茶企参加省、市政府举办的茶事活动的，也给予适当补助。

同时，《意见》还在加强组织领导、强化责任落实、加大培训力度、加大市场营销等方面作了明确规定。鼓励在外茶商、茶企回乡创业，鼓励社会力量建设茶叶市场。适时在南阳新城谋划建设具有一定规模的"寿宁高山茶城"，吸引各地客商前来交易，为茶农、茶企业提供良好贸易环境，逐步建成闽浙边界茶叶交易集散地。

国家"地标"申报结硕果

经过多部门的共同努力，寿宁高山乌龙茶成功申报国家地理标志证明商标！笔者从寿宁县工商局获悉，2012年2月13日，国家工商总局商标局核准了寿宁高山乌龙茶申报国家地理标志证明商标的公示，并于2月14日下发寿宁高山乌龙茶国家地理标志证明商标注册证书。寿宁高山乌龙茶"地标"申报终于结出沉实的硕果，寿宁茶叶品牌打造再添一枚沉甸甸的金质徽章。

鼓舞人心的好消息象明艳的阳光，照亮了春寒料峭中的寿宁县。寿宁县委书记卓晓銮满怀喜悦地告诉笔者："我们要进一步利用这良好契机，采取各项措施，更好地发展茶业。彰显寿宁特色、打响生态牌、开拓市场，这是寿宁茶业今后发展的三大努力方向。"卓晓銮书记表示，要打响品牌，产品需名符其实。寿宁茶叶叶片厚实，口味独特，除了产品本身口味要与安溪乌龙茶、武夷乌龙茶界定清楚外，还要从包装上入手，从外到内体现寿宁高山乌龙茶国家地

　　理标志产品的特色。要打响生态牌，通过规范农药使用、水土流失治理规范化、改造茶园、新品种培育等手段保护生态，提升茶叶质量，同时依托张天福有机茶基地建设，打造茶叶精品。目前寿宁在外经营的超市有7000多家，可以借助这个网络把寿宁茶叶推销出去。时下，借助寿宁高山乌龙茶成功申报国家地标这个机会，以各种形式加强宣传，进一步扩大寿宁高山乌龙茶影响力。对于寿宁高山茶品牌打造，卓晓銮书记充满了信心："注意挖掘寿宁高山红茶、高山绿茶的文化底蕴，创造条件，一旦时机成熟，寿宁高山红茶和绿茶即申报国家'地标'。"

　　从省农业厅到寿宁挂职的科技副县长徐飙是茶叶专家，协助分管寿宁县茶业生产。他表示："寿宁茶业发展任重道远。寿宁高山乌龙茶成功申报地标，等于是拿到了一张名片、一道金质招牌，是个非常好的开端，能否真正捧回金子，还需要政府引导，企业配合，进一步努力。下一步，寿宁县茶叶协会将制订茶叶地标管理办法，科学管理用好寿宁高山乌龙茶这枚珍贵的地标，发挥应有的效益。"徐飙副县长认为，寿宁高山乌龙茶内涵丰富，内质一流，定位高端，目前发展尚属于粗集阶段，还需在做出特色、做大规模、加强品牌等方面下功夫。

　　据了解，2012年是寿宁县茶产业提升年，寿宁县从茶企参与、产品研发、工艺改进、产品提升上下力气，致力提升产品质量，拓展消费者认可市场。为加强食品安全管理，提高茶青质量，寿宁县委县政府下发《关于加强茶叶卫生质量安全工作的通知》、《加快推进水土流失综合治理实施方案的通知》等，采取措施加强茶农规范管理，加大茶叶加工技术、评审培训力度，引导企业提高制作工艺，因地制宜创新特色产品，加强推进茶叶标准体系的建立健全和标准化生产，并通过建设南阳茶城，多管齐下吸引浙东南、闽北及全国各地茶商，推广寿宁优质茶叶。

　　回顾寿宁高山乌龙茶国家地理标志证明商标的申报，在各部门的共同努力下，申报工作一步一个脚印扎实进展。从启动申报到申报成功，前后历时一年多时间。也许，随茶香流动的时光是这一进程最好的见证——

　　2010年7月份，按照寿宁县委、县政府的部署，寿宁县成立地标申报领导小组，寿宁高山乌龙茶国家地理标志证明商标申报前期工作正式启动。寿宁县工商局局长周华武带领商广股人员赶赴宁德市茶业局、档案局等部门，查找、收集各地史料中寿宁高山乌龙茶的相关记载。随着申报前期筹备工作的有序展开，寿宁县茶业局、农办、农业局、方志委、气象局等部门人员互相配合共同努力，收集各级报刊杂志有关寿宁高山乌龙茶的宣传报道、寿宁县志中有关乌龙茶记载、

2011年2月，寿宁高山乌龙茶国家地理标志证明商标材料申报工作有了质的进展。从2月23日夜开始，寿宁县茶业局副局长陈勤办公室的灯一直亮到凌晨两点多。为了配合县工商局做好寿宁高山乌龙茶国家地理标志证明商标申报工作，陈勤在局会议安排下，会同办公室人员，日夜加班，整理寿宁高山乌龙茶国家地理标志证明商标项目申报相关材料，上报福建省农业厅。申报材料内容包括寿宁县政府关于同意注册"寿宁高山乌龙茶"注册商标的批复、寿宁县农业局关于"寿宁高山乌龙茶"申请证明商标的请示函、"寿宁高山乌龙茶"证明商标项目申报材料等。

3月15日，申报请求请示获福建省农业厅的批复。省农业厅下发关于出具"寿宁高山乌龙茶"证明商标证明的函，同意申报。随后，陈勤又和茶业局有关人员配合，按要求着手准备申报国家地理标志证明商标的相关材料，内容包括寿宁县政府关于申请"寿宁高山乌龙茶"证明注册商标的请示、寿宁高山乌龙茶产品标准综合体（质量标准）、寿宁高山乌龙茶证明商标使用管理规则、寿宁县气象局证明材料、土壤养分及种类面积表等七大项材料和七项附件共44项材料。

6月份，申报工作正式进入申报程序。6月2日，陈勤将准备好的厚厚一叠材料送交县工商局。6月3日，寿宁县工商局局长周华武审核汇总后，将材料送达福建省商标事务所，由该商标事务所工作人员对材料进行初步审查。

7月初，福建省商标事务所对材料进行初审后，将材料送到北京，上报国家工商总局商标局初审。按国家工商总局商标局要求，寿宁县政府、茶业局及方志委有关人员抓紧时间补充材料中有关"高山"标注的相关材料。

9月初，补充完善的申报材料被再次上报。9月6日，国家工商总局商标局正式受理寿宁高山乌龙茶国家地理标志证明商标申报。

11月份，寿宁高山乌龙茶国家"地标"申报获得国家工商总局审批，12月4日开始进入公告期。获悉消息，寿宁县工商局局长周华武喜上眉梢："寿宁高山乌龙茶国家'地标'申报有望于2012年上半年获批，到时寿宁茶业将如虎添翼！"据介绍，茶叶产品在国家"地标"申报中冠以"高山"生态标识，这在全国尚属首例。

2012年2月份，寿宁高山乌龙茶地标申报成功，大家都松了一口气。4月1日，寿宁县工商局人员收到了商标注册证书。尽管寿宁高山乌龙茶国家地理标志证明商标申报的程序十分繁琐相当麻烦，但为了寿宁县茶产业的发展，县委县政府、茶业、农业、工商、方志委、气象局等部门有关人员加班加点准备资料，来回奔忙赶送材料，不辞劳苦全力以赴。虽然一双双眼睛布满了血丝，但毫无怨言，充满了期待。在申报工作中，作为具体申报实施单位，寿宁县工商局局长周华武对个中辛苦滋味冷暖自知。但为了争创这枚珍贵的地标，他感慨，所有的汗水和付出，都是值得的。

新年新思路

鲜花盛开，掌声不息。2011年12月17日——19日，寿宁县"两会"隆重召开，黄国璋县长代表县政府向大会作政府工作报告，对寿宁县人民作出庄重承诺："新一届县政府要认真贯彻落实党的十七大、十七届六中全会和省、市、县党代会精神，立足新起点，谋划新发展，开创新局面，向全县人民交上一份满意的答卷！"年轻的县长温厚响亮的声音在人们心头激起阵阵暖流。

在这份厚实的政府工作报告中，黄国璋县长对2011年及过去五年政府工作作了整体回顾，提出新一届政府工作基本构想。他表示，今后五年，是寿宁县实施"十二五"规划，在更高起点上推动科学发展、跨越发展的重要时期；是在全市大格局中谋求作为、提升位次、展示形象的关键时期。2011年7月召开的县第十二次党代会全面总结了"十一五"时期全县经济社会发展取得的巨大成就，科学分析了面临的内外部形势，生动描绘了"十二五"时期发展的宏伟蓝图。新一届县政府要认真贯彻落实党的十七大、十七届六中全会和省、市、县党代会精神，立足新起点，谋划新发展，开创新局面，向全县人民交上一份满意的答卷。

政府工作报告提出，今后五年政府工作的总体要求是：高举中国特色社会主义伟大旗帜，以邓小平理论和"三个代表"重要思想为指导，深入贯彻落实科学发展观，紧紧围绕科学发展的时代主题、转型升级的工作主线和民生幸福的根本追求，加快融入"海西"和"环三"发展大局，强特色、重互动，求先行，大力倡导"自信自强、苦干创业"的寿宁精神，打破思维定势，树立前沿意识，大力实施生态立县、工业富县、农业兴县、科教强县战略，加快推进农业现代化、新型工业化、特色城镇化，全力打造闽浙边界交通枢纽，切实加强以保障和改善民生为重点的社会建设，努力创建更加优美更加和谐更加幸福的寿宁。今后五年经济社会发展的奋斗目标体现在五大方面：综合经济实力明显增强；城乡宜居环境明显优化；人民生活水平明显提高；生态环境质量明显改善；各项社会事业明显进步。

即将到来的2012年是新一届政府的开局之年，也是实施"十二五"规划的关键之年。黄国璋县长在政府报告中提出，寿宁县2012年经济社会发展的主要预期目标为：地区生产总值增长12%，在执行中力争更好更快；农林牧渔业总产值增长5.5%；工业总产值增长19%，其中规模以上工业产值增长20%；全社会固定资产投资增长20%；社会消费品零售总额增长15%；财政总收入增长15%，其中地方级财政收入增长15%；出口总值增长30.4%；农民人均纯收入增长12%；居民消费价格总水平涨幅控制在4%以内；城镇登记失业率控制在4%以内；人口自然增长率控制在7‰以内；万元GDP综合能耗和化学需氧量、氨氮、二氧化硫、氮氧化物排放量四项主要指标控制在省市下达的目标范围内。

完成上述目标，重点要抓好六个方面的工作：以泽农惠民为根本，力求农业农村有新变化；以打造集群为目标，力求工业经济有新突破；以夯实基础为首要，力求城乡建设有新发展；以增强活力为主导，力求协调拉动有新提升；以生态建设为抓手，力求秀美家园有新面貌；以改善民生为重点，力求社会建设有新进步。

而大力发展茶叶产业被放在这六项工作之首的重头位置：坚持"四化并举"即规模化、标准化、品牌化、产业化，抓好"六个环节"即技术培训、精深加工、品质提升、企业培育、市场开拓、品牌打造，逐步把茶产业打造成为寿宁最大的富民工程、生态工程。开展"茶产业提升年活动"，以寿宁高山乌龙茶申报国家地理标志证明商标为契机，推进茶叶标准体系的建立健全和标准化生产；以加大宣传、打造品牌为抓手，不断提升寿宁茶叶知名度；以张天福千亩有机茶生态示范基地为重点，建设一批优质茶叶种植示范基地；以争创QS认证为起点，培育一批上连市场、下连基地的茶叶龙头企业；以举办茶叶技术培训班为依托，不断提高茶农种茶制茶能力。

新年新构想，新年新气象。政府工作报告体现了寿宁县政府为民办实事的信心和决心，令人振奋。而事关寿宁28万人民生计的茶产业被放在了一个新的坐标上，将在原有的发展基础上进一步提升，从品质、品牌等方面多管齐下，走上规模化、产业化的阳光大道。可以预见，即将到来的一年，将是平凡而又不平凡的一年，寿宁茶乡飘动的茶香茶韵，在春风劲吹下，将更上一层楼，挥洒到极致。

迎来黄金时期

春暖花开，万象更新。眼下，寿宁县在全面融入"海西"和"环三"发展大局建设过程中，呈现风正气顺、政和业兴的喜人局面，政治、经济、社会各项事业蓬勃发展，欣欣向荣，正迎来跨越发展的黄金时期。其中，被寿宁县委、县政府列为寿宁最重要的民心工程、民生工程、"一号工程"的茶产业，正以茶树品种改良为突破口，以生态基地建设为龙头，以品牌精品打造为手段强力推进，茶产业沿着生态、科学、高效的方向健康发展，取得良好成效。

近五年来可以说是寿宁县茶产业跨越发展的五年。五年来，寿宁县茶产业格局不断优化。**茶叶品种改良稳步发展**。县财政每年统筹调拨1000万元用于扶持茶产业发展，改造优质乌龙茶三万多亩，其中2011年茶改完成8000亩，至2011年底全县茶园面积达13.8万亩；**茶叶生产增收效益明显**。据县茶业局统计数字显示，至2010年底，茶业总产量1.05万吨，产值达4.75亿元，茶农人均收入2425元，产值和茶农人均收入均是2007年茶改前的3倍。而到了2011年底，有关茶业统计数据进一步增长，全县茶叶总产量达1.15万吨，比增10.67%，茶业总产值6.2亿元，比增30.8%，茶叶产量和产值均创历史新高，实现了"十二五"的良好开局。其中名优茶产量0.17万吨，占总产量的15%，产值3.09亿元，占总产值的50%。名优茶效益凸显，为茶农收入带来可喜的增幅，2011年农民年人均纯收入达6930元，其中茶农收入3223元，占农民收入的46.5%，同比增长32.9%；**茶叶生产加工水平进一步提升**。寿宁县积极探索茶叶加工技术，吸取福建南、北乌龙茶制作工艺的长处，致力研制具有地方特色的寿宁高山生态茶。随着各种方式的乌龙茶栽培、乌龙茶和红茶生产加工培训的深入开展，县内茶农、茶企的茶叶生产、加工水平进一步提高，茶企不断发展壮大。2011年底，全县各类初、精制茶叶加工厂达364家，其中新增茶叶加工厂32家，新增乌龙茶加工生产线105条，初步形成了绿茶、红茶、乌龙茶三大茶类齐头并进的生产格局；**生态基地建设有序推进**。全县目前已建立生态茶园示范点39个，面积2.45万亩，其中300亩以上生产其地26个，在龙虎山茶场进行千亩高优茶叶示范片建设。寿宁良好的高山生态地理环境得到中国茶界泰斗、著名茶学专家张天福的垂青，2011年8月，张天福教授亲赴寿宁县考察选址，确定在南阳镇龟岭岔自然村建立张天福生态有机茶示范基地，进行有机茶示范基地建设；**强化宣传提升品牌效益**。寿宁县集中打造"寿宁高山乌龙茶"和"寿宁高山红茶"公共品牌，注册了"三言堂"统一商标，积极申报寿宁高山乌龙茶国家地理标志高明商标，2011年底获得国家工商总局审批，12月4日开始进入公告期，并将于2012年上半年获批通过。积极组织茶企申报"福建名牌产品"，积极组织茶企申报QS认证。至2011年底，全县已有4个茶叶类福建名牌产品，18家茶企取得QS认证。茶叶产品得到省、市专家的广泛认可，中国茶界泰斗张天福对寿宁高山乌龙茶、高山红茶给予高度评价，认为寿宁是可以出极品好茶的地方；**茶事活动推动寿宁高山茶飞出山门**。成功举办了"寿宁杯"第二届海峡茶艺小姐电视公开赛暨首届制茶能手比赛，开展了茶叶产品展、拍卖会等系列茶事活动。2011年上半年分别在厦门、北京、西安等地成功举办寿宁高山乌龙茶、高山红茶推介会，国家、省、市50多家新闻媒体进行宣传报道，进一步提升了寿宁高山茶的知名度和美誉度。"寿宁高山乌龙茶"成为宁德市三大茶叶推介主打品牌之一，寿宁县被评为"全国重点产茶县"、"福建十大产茶大县"，2010年寿宁县高山乌龙茶、高山红茶在国家、省市比赛中斩获24个奖项；2011年又分别在"觉农杯"、"中茶杯"等国家、省级名优茶评比中频频摘金夺银，彰显实力。**寿宁高山茶叶营销网点遍布**北京、上海、广州等全国二十多个城市五百多家，产品在各大中城市供不应求，其中在上海市茶叶总批发量中，寿宁高山茶叶占近80%。一双双饱含热忱的创业之手，推陈出新，开拓创新，以空前的力度，坚定地写下激荡人心的茶的篇章。

与此同时，寿宁县委、县政府积极谋划，以加快构建"一城两区"为重点，进一步拓展城镇建设发展空间。县委、县政府以鳌阳城区为中心，众志成城，经过三年时间努力，基本建成寿宁建县迄今最大的市政工程——总投资20亿元、规划面积三平方公里、可容纳三万人的东区，原是荒郊野地的蟾溪河畔矗立起美丽的山水生态新城。时下，东区已成为寿宁新县城的标志，随着一幢幢高楼拔地而起，一个个楼盘开盘销售，一扇扇窗口亮起温暖的灯火，人气逐渐聚集的东区正展示出迷人的魅力。寿宁县委、县政府将继续建设提升东区，改造老城区。在此基础上，寿宁县把南阳镇作为县城的有机组成部分，纳入县城总体规划，构建"一城20平方公里，可容纳十万人，以"万亩工业园"和"万亩商住区"为载体，工商并进，综合开发，致力打造宜工、宜商、宜居的山水园林新城。整个开发分启动区、核心区、建成区三期进行。南阳新区建成后，寿宁县城城区面积将扩大到30平方公里，聚集人口15万人以上，基本形成"小县大城关"、"两镇同城"格局。

在构建"两镇同城"的同时，寿宁县精心构筑工业发展平台，依托南阳、斜滩、犀溪三个高速公路互通口，提前谋划，主动对接，大力发展"道口经济"，致力打造五大工业新增长点即南阳万亩工业园区、三祥高新技术产业园、犀溪际武工业集中区、武曲工业集中区、日洋铺工业集中区，其中犀溪、武曲工业集中区已完成规划编制，即将启动建设，南阳万亩工业园区建设正逐步推进，倍受瞩目。寿宁县充分发挥福寿高速公路南阳互通口的作用和对接浙东南的区位优势，致力打造"万亩工业园"，形成以金属加工、电机电器为主的产业集群，做大做强"道口经济"，进一步壮大经济总量。2011年4月9日，南阳万亩工业园奠基暨项目开工仪式举行，万亩工业园建设正式启动。按照规划，南阳万亩工业园区分两期开发建设。一期占地4949亩，以发展有色金属加工、电机电器系列产品为主；二期占地5000多亩，以发展高新技术产业为主。笔者从寿宁县工业园区管委会获悉，至2011年12月份，南阳万亩工业园一期工程已完成5000亩的控制性详规和修建性详规以及园区环评等基础性工作，完成征地2000多亩，并先后投入两千多万元，完成场区部分场地平整、临时排水管道铺设等，时下正加快推进"三通一平"及污水处理等基础设施建设。目前园区共有恒富金属、天泰铜业、华能光伏等企业21家，其中2011年新入驻企业11家，，总投资额40多亿元，目前部分企业厂房已建成投产。通过建设，南阳工业园目前已初步形成了有色金属加工、电机电器系列产品生产等产业发展格局。南阳万亩工业园全面建成投产后，园区年工业总产值将达500亿元，创税八亿元。

大力破解交通瓶颈一直是寿宁县工作重点之一。近年来，寿宁县加快步伐构建交通"四线"，打造便捷交通大网络。寿宁作为"闽东北一翼"的前沿阵地，是环三都澳区域连接"长三角"和浙东南经济发达地区的桥头堡，是较之沿海县市更具生态优势的山区县份，是宁德市发展的重要组成部分。为缩短与"环三"核心区的空间距离，寿宁县委、县政府以构架大交通网络为重点，突出"四线"出省出县通道建设，进一步完善基础设施，以进一步凸显寿宁区位优势，改善投资发展环境。

据了解，这"四线"分别是：第一线为寿庆二级路（省道301线寿宁城关至庆元界二级公路），总投资9600万元，全长15.07公里。项目于2004年动工建设，至2011年12月份，寿宁路主体工程已基本完成，进入扫尾阶段，近期即将通车，届时打通寿宁往西北的出省通道；第二线为寿政二级路（寿宁至政和公路），总投资4.09亿元，全长54.8公里，于2010年底动工建设，至2011年12月份，已完成投资9800多万元，路基主体工程已完成八公里建设，七座桥梁中已动工四座，隧道掘进54米，目前各项建设有序进行。按计划，该项目将于2012年底竣工通车，打通寿宁往西南的出县通道；第三线为福寿高速公路即福安至寿宁（闽浙界）高速公路，总投资45.47亿元，全长约65公里，已列入2011年省、市重点建设项目，前期筹备工作进展顺利。至2011年12月份，地质灾害、环境保护、初步测量等前期项目已报审查通过，完成了工可和初步设计评审，即将进入勘探和施工设计。值得一提的是，在寿宁县委、县政府和省老领导的努力争取下，2011年11月初经省政府批准同意，对福寿高速公路原定方案进行调整，将原定斜滩预留互通口纳入福寿高速公路主线，与犀溪、南阳互通口一起和福寿高速公路同步建设。目前，寿宁县委、县政府正积极争取福寿高速公路列入国高网，并计划于2012年下半年开工建设。该项目建成后，将打通寿宁往东北的出省通道；第四线为经过寿宁县城往浙江庆元、丽水方向的高速公路，目前有关部门正抓紧对接、论证，力争早日列入规划、动工建设，尽快形成东南连接珠三角、西北对接长三角的重要交通枢纽。这"四线"一旦贯通，寿宁与外界将形成承南接北、东进西出的放射状交通格局，并成为"环三"对接"长三角"的桥头堡和最前沿，寿宁承浙入闽门户优势将更加凸显。

令人欣慰的是，寿宁县在发展农业、工业、城镇建设、交通建设的同时，民生事业大步迈进。寿宁教育基金会目前已募得善款2600多万元，累计发放奖教助学金300多万元，奖励帮扶了2700多名优秀师生、贫困生，教育事业呈现前所未有的良好局面；2011年又新成立卫生发展基金，筹集到830多万元的启动资金，为推动卫生事业的改革发展，提高人民群众健康幸福水平打下了良好的基础。

随着"两镇同城"城市格局的构建，随着万亩工业园等工业建设的推进，随着四通八达交通网络的逐步拓连，随着日后高速公路向寿宁敞开宽阔的大门，寿宁县茶产业将插上腾飞的翅膀，提速走向五湖四海。寿宁茶叶香飘四海，寿宁人民脱贫致富奔小康指日可待。

尾 声

伴随着春天的脚步，2012年来临了。新的一年，寿宁县进一步融入"海西"和"环三"发展大局，全力推进"兴大农业、办大工业、建大城镇、开大交通、保大民生"五大工程，奋力拼搏，有效作为，建设更加优美更加和谐更加幸福的寿宁。这其中，走过风雨历程的寿宁茶产业，正日益焕发出生机和活力，茶乡大地处处飘溢着浓浓茶香。茶的篇章变得丰富多彩，步伐迈向广阔的天地。

如歌岁月，茶香幽幽。寿宁这块曾经风起云涌的土地，如今掀开了新篇章。回眸昨天，在寿宁县委、县政府的正确领导下，短短五年时间，寿宁县茶产业实现了成功转型，悄然蜕变，茶叶品牌正从"养在深闺人未识"走向"一朝扬名天下知"。展望明日，实现了华丽转身、精彩亮相的寿宁茶产业，在新一届县委、县政府的领导下，立足新的起点，正迈开赶超的大步，向新的目标奋进。

寿宁茶乡正春风，春潮涌动飞歌浓，乘上了科学发展的东风，寿宁县茶产业正谱写着更加香润更加醇美的篇章。"只为馨香重，求者遍山隅"，茶香茶梦满天涯。寿宁，连同其极具发展前景的茶产业，必将迎来更加灿烂美好的明天！

寿宁县东区行政大楼

寿宁县南阳万亩工业园沙盘模型

附：寿宁县茶产业发展大事记

（2007年10月—2012年2月）

★ 2007年10月，寿宁县委、县政府确定全县首批6个乌龙茶种植试点村，寿宁县乌龙茶发展开始了艰难起步。至2008年春季，全县乌龙茶种植首次突破千亩。

★ 2007年11月，中共寿宁县委十一届六次全会确立"打造闽浙边界生态新茶乡"的战略目标，明确以建设闽东北高山生态优质乌龙茶生产集散中心为重点，实施茶叶品种改良，寿宁茶业发展吹响进军号角，开始进入新时代。

★ 2007年12月，寿宁县引进安溪客商投资创办"寿宁县双秋茶业有限公司"。2008年1月，寿宁县引进安溪客商投资创办寿宁县裕发茶业有限公司"。两家公司分别建立铁观音茶叶示范基地，以"公司+基地+农户"的模式，引导、示范、带动群众发展乌龙茶。

★ 2008年5月，寿宁县派送首批茶企人员和乌龙茶种植大户，到安溪的茶叶加工厂学习乌龙茶制作技术。

★ 2008年6月，寿宁县下党乡上党村村民吴水旺从安溪购买成套乌龙茶生产加工设备，建成全县首家乌龙茶加工厂。

2008年10月，寿宁县裕发、双秋茶业有限公司的铁观音茶叶生态茶叶基地打顶采摘，并开始生产加工乌龙茶。寿宁县铁观音茶叶生产实现零的突破，对全县茶产业的发展起到示范、带动作用。

★ 2008年10月，中国茶界泰斗、著名茶学专家张天福为寿宁"裕发园"铁观音题词："裕发茶叶，香飘四海"。

★ 2008年12月，寿宁县首家茶叶专业合作社——竹管垅雾香茶叶专业合作社成立。

★ 2009年5月，寿宁县龙虎山茶场生产的"梦龙春"牌红茶系列"金峰红"、"金韵红"分别被评为福建省名茶和福建省优质茶。

★ 2009年9月，寿宁县委、县政府确立寿宁高山乌龙茶以"三言堂"为公共品牌和注册商标，结束了寿宁茶叶无公共品牌的历史。

★ 2009年10月，中国茶叶流通协会授予寿宁县"全国重点产茶县"称号。

★ 2009年11月，寿宁县组织五家企业参加在宁德市举办的第三届海峡两岸茶博会，寿宁茶叶深获各方好评，声名鹊起。"寿宁高山乌龙茶"被指定为第三届海峡两岸茶博会纪念茶。

★ 2009年11月，寿宁县委、县政府出台《关于进一步促进茶产业发展的若干意见》，进一步明确以建设闽东北高山生态优质乌龙茶生产集散中心为重点的茶业发展目标方向和措施办法，成为该县今后一段时期茶业发展的纲领性文件。

★ 2009年12月，寿宁县天福缘茶厂生产的京鑫牌红茶"金骏眉"，荣获第八届"中茶杯"全国名优茶评比特等奖，成为福建省在本届"中茶杯"评选中唯一获特等奖的红茶产品。

★ 2009年12月，寿宁县裕发茶业有限公司生产的乌龙茶"铁观音"，在福建省名优茶评比活动中获"省优质茶"称号。

★ 2010年4月，经上海世博会特许经营授权审批联席会议综合评审，福建天禧御茶园茶业有限公司正式成为2010年上海世博会茶叶及茶具所有品类产品特许产品生产商和特许产品销售商。

★ 2010年6月，在宁德市第四届茶王赛暨茶叶包装评比活动中，寿宁县裕发茶业有限公司生产的"裕发园"铁观音荣获乌龙茶类"茶王"称号；寿宁县双秋茶业有限公司生产的"玉之音"铁观音获金奖；寿宁县裕发茶业有限公司制作的"寿宁高山乌龙茶"茶叶包装获二等奖。

★ 2010年7月，寿宁高山乌龙茶国家地理标志证明商标申报前期工作启动。

★ 2010年8月，寿宁县龙虎山茶场生产的"梦龙春"牌红茶系列"金峰红"、"金桂红"分别荣获首届"国饮杯"全国茶叶评比特等奖和一等奖。

★ 2010年9月30日——10月7日，寿宁县首届乌龙茶制茶能手比赛和工夫红茶制茶能手比赛相继举办。

★ 2010年10月20日，寿宁县举办首届茶叶产品展和茶产业推介会，并进行了寿宁高山乌龙茶与寿宁工夫红茶的专场拍卖会。

★ 2010年10月20日夜，"寿宁杯"第二届海峡茶艺小姐电视公开赛决赛在寿宁隆重举行，取得圆满成功。

★ 2010年11月16——19日，第四届海峡两岸茶博会在武夷山举办。寿宁县组织7家茶企，首次以"寿宁高山乌龙茶"的统一品牌参展，寿宁高山乌龙茶以优异品质和独特韵味享誉茶博会。此次茶博会上，寿宁县荣获"福建十大产茶大县"称号。

★ 2011年1月9日，寿宁高山乌龙茶文化节暨厦门国鑫宝文化艺术馆开馆仪式在厦门市举办。

★ 2011年4月20——22日，宁德市茶叶品牌暨寿宁高山乌龙茶推介会在北京展览馆隆重举办。

★ 2011年4月22日，福建天禧御茶园茶业有限公司生产的"御茶园"牌伯爵红茶、裕发茶业有限公司生产的"裕发园"牌寿宁高山乌龙茶双双荣获第二届"觉农杯"中国名茶评比金奖。

★ 2011年4月，福建天禧御茶园茶业有限公司、春伦茶业有限公司成为国家《地理标志产品——福建乌龙茶》专用标志使用单位，寿宁高山乌龙茶实现了国家地理标志产品保护零的突破。

★ 2011年5月，在2011年度福建省名优茶（春季）评鉴活动中，寿宁县选送的茶样荣获5个奖项，其中名优茶奖2个，优质茶奖3个，分别为：由福建天禧御茶园茶业有限公司生产的"御茶园"牌金闽红红茶、寿宁县兴昌茶厂生产的"心怡香"牌金状红茶获评省名优茶；由寿宁县瑞康茶业有限公司生产的"梦春"牌金韵红茶、寿宁县闽缘茶业有限公司生产的"闽缘红"牌红茶、寿宁县龙虎山茶场生产的"梦龙春"牌金峰红茶分别获评省优质茶。

★ 2011年8月10日，在第九届"中茶杯"全国名优茶评比活动中，寿宁高山茶荣获两个特等奖和四个一等奖。寿宁县鸾峰茶业有限公司生产的"高山乌龙红"和"金骏福宁眉"双双荣获红茶类特等奖，由福建省天禧御茶园茶业有限公司生产的"御茶园"牌金闽红、寿宁县天福缘茶厂生产的"京鑫"牌晶丹红、"京鑫"牌金骏眉、寿宁县兴昌茶厂生产的"心怡香"牌长相思工夫红茶荣获红茶类一等奖。

★ 2011年8月16日至20日，年近103岁高龄的中国茶界泰斗、著名茶学专家、世纪茶人张天福回到第二故乡寿宁，为建立张天福高标准有机茶示范基地考察选址，确定选址南阳镇龟岭岔自然村。

★ 2011年8月20日，寿宁县召开茶产业发展专家座谈会，首次汇聚了许多老领导、省茶叶专家为茶产业发展共同"把脉"。

★ 2011年10月20日，寿宁县委、县政府制定出台《关于加强茶产业发展的若干意见》，在原有基础上，对茶产业的目标定位、优惠政策、组织保障等方面作了进一步规定，加强对资金投入、生态茶园建设、源头质量监管等各项工作的力度，在新的起点上推进茶产业发展提档升级。

★ 2011年11月25——27日，第五届海峡两岸茶博会在武夷山市举行。寿宁县组织县内十多家企业到会参展，参展规模为寿宁县参加历届茶博会最大的一次。茶博会上，寿宁高山乌龙茶、高山红茶获得海峡两岸领导嘉宾的高度评价，名气倍增。

★ 2011年11月25——27日，在第五届海峡两岸茶博会上，寿宁县农办与福建达敏农业综合开发有限公司签订了"张天福有机茶基地建设项目"协议。

★ 2011年11月29日，在由福建省民族与宗教事务厅、省茶叶学会联合举办的全省首届少数民族制茶能手与名优茶评选大赛中，寿宁县凤阳乡基德村畲旺红茶厂厂长雷明双以优异的成绩一举夺魁，荣获红茶类制茶能手冠军和红茶类名优茶评选唯一金奖。

★ 2011年年底，寿宁高山乌龙茶国家地理标志证明商标申报获得国家工商总局审批，12月4日开始进入公告期。

★ 2012年2月13日，国家工商总局商标局核准了寿宁高山乌龙茶申报国家地理标志证明商标的公示，并于2月14日下发寿宁高山乌龙茶国家地理标志证明商标注册证书。4月1日，寿宁县工商局人员收到了商标注册证书。寿宁高山乌龙茶"地标"申报成功，寿宁茶叶品牌打造再添一枚沉甸甸的金质徽章。

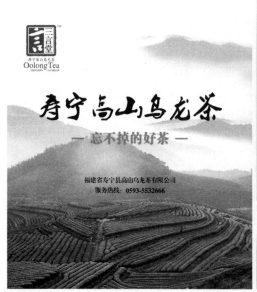

附：

记忆，与茶同行（组诗）

————谨以此诗献给我可爱的家乡寿宁

朱雅秀

（一）

对于茶的记忆
从立春的第一声惊雷开始
云朵的裙裾散开　晶亮的雨水滑下
一株茶　另一株茶
争先恐后　举起他们鲜嫩湿润的手臂
抢答我的提问
我所看见的春天
是大地　和一群可爱的孩子

阳光　花香　雾岚
风的骏马上面乘坐的蜻蜓
一片薄薄香草叶卷成的笛声
姑娘走过时遗落的花头巾
都是他们的记忆
每株茶　都有一双褐色的眼睛
和长满淡绿绒毛的透明耳朵

他们在隐秘中谛听大地的指令
赶在安静被打破之前
温习一段节序的舞蹈
记住一群光影的手指
重复一个芽苞的眼神
阻止虫蛾停靠的企图
白天黑夜　醒着或睡着
都不忘吐绿绽新
因为茶知道
一场声势浩大的茶乡新曲
即将在清明开始

（二）

青青茶园
成为时间的另一种主宰
对于一株茶的敬意
从母亲凝望的眼神开始

她越过青草　拂开树枝
走向成片的茶园
步履轻快　穿过光阴
就如走向等待她的王国
她的寄予无限期望的子民们

她一只手采摘茶叶　另一只手盘算心事
儿女们过年的新衣　远行的礼物
上学的漂亮书包　溪流般的琴声
和闪着磁砖光泽的新房
一个女人最朴实葱茏的梦想
开在闪着绿色光芒的茶尖

她在四季中穿梭
开始长出皱纹　双手粗糙
在下雨前夜膝腿酸痛　但眼神明亮
秋天　她在茶园细细打理
回家时　不忘摘下朵朵洁白芳香的茶花
用老茶枝桠编织成花环
说　女儿　戴上这顶皇冠
你就是茶的主人

(三)

在温暖的茶房里
一些程序如同火焰
在大师的手里秘语般反复
杀青　摇青　干燥　包揉
在轻轻的拍打和机器的转动中
茶　从前世进入今生
褪去青涩　被精心命名
大师的作品婷婷出世
散发出经典的清香

穿上红色、绿色、白色的纱衣
跳一段水中的羽衣霓裳
以花朵的名义　以金属的名义　以龙的名义
进入唐宋的月色　江南的画舫
与古今文人墨客对饮　醉卧诗篇
在黎明到来前　乘一回柳岸清风
到陆羽的庄院里　筑一个芳香四溢的楼阁

那个叫苏轼的才子呢喃的情话

道破一个惊人的秘密
——茶啊　全是我的绝色美女

（四）

现在
香气下沉　翅膀上升
空气清澈　象童年的眼神
相比于一条河流　一只飞鸟
我的脚步　已经慢于它们到达

但嗅觉和诚挚的邀请是最佳的向导
直指向青山深处　茶香遍野
谁已经提前布下茶阵的仪仗队
我需要一根传说中的神杖
逐一指点漫山茶叶更名为
金观音　铁观音
茶中的贵族　骄傲的公主啊
追捧她们的是蜂蝶新编的歌舞
侍从一般相伴的树木、青草
松软湿润铺满野花的土地的温床
和烟花一般从天喷降的露水

关于她们日后的行程　已被仔细安排
原谅我的迫不及待　大师预言
最纯洁本真的内质
最原初醇厚的异香
她们这些天然的拥有
将使挑剔的目光一片震撼的温柔
并弯下腰来

多么幸运　我与她们近在咫尺
推开生态基地的窗户
月光如银　照亮她们身姿婀娜
枕一地茶香　在麋鹿的歌声中幽然入梦
我　和我的叫做茶人的伙伴们
从一株茶身上　看到一座宫殿绿色的屋顶

行李中有了厚重的收藏
往后的日子　与茶相伴的这个地方
我们称之为——
故乡

后 记

又是一个凌晨时分。当我在电脑前敲下"定稿"两个字时，心里和脚下这沉睡的大地一样宁静、沉实。历时半年多时间，经过三十多稿的反复推敲、修改，《茶乡新韵》一书克服了各种困难，终于可以结集出版了！

感谢命运的安排，让我在漂泊行程中有了一段在家乡寿宁县工作的难忘时光。回顾在寿宁县委报道组工作的两年多时间以来，作为一名记者，我见证，我感佩，我振奋。2007年以来，在历任县委、县政府班子领导下，寿宁县发展可以用"日新月异"来形容。茶业"一号工程"为茶农带来了实实在在的增收，三年东区建设矗新城传为奇谈、三年安居工程造福上万群众成佳话、教育经费投入和教育教学成绩均创历史新高、千年名村西浦开发旅游创效益……短短几年时间里，寿宁旧貌换新颜，创造了一个又一个奇迹。

作为寿宁人民的一员，脚踩着这块坚实的土地，和着它的脉动一起心跳，承受一次又一次惊喜，我的内心风起云涌。三年多来的科学发展、跨越发展，除了经济总量的提升、市容市貌的改变，我感触最深的莫过于寿宁人民思想观念的转变。过去，这块土地由于"地僻人难至，山高云易生"的地理环境及经济发展滞后，导致了人们的狭隘、仇富、好告状等素质低下的心态。随着经济的发展，信息的流通，生活水平的提高，如今人心已洒满了阳光。包容、理解、开放、自立已成为人们内心世界的主色调。"自信自强，苦干创业"的寿宁精神，正激励着寿宁人民开拓进取，积极奋进，鼓舞着许多寿宁有志之士走出山门，开辟更美好的天地。

每次走进茶山，在葱茏茶色、遍野茶香之中，仿佛自己就是一株茶，一株生长在清新山野间的幸福的茶。在多次参观乌龙茶生态基地和茶企中，在多次跟随有关领导下乡中，在多次与茶人茶农等的采访对话中，在赴北京、厦门参加寿宁高山乌龙茶推介会中，我都深切感受到县领导那一股股执政为民的至诚理念，一番番以寿宁为家，青山绿水留事业的浓烈情怀和茶农那一颗颗充满热忱希望的心……寿宁茶产业发展正进入一个美好的全新时代，13.8万亩茶园，6.2亿元产值，遍布全国各地的营销网点。寿宁高山乌龙茶、高山红茶声名远扬，一年里就获得了24个奖项，享誉北京、厦门、武夷山……随时光前进的寿宁县茶产业实现了悄然蜕变、华丽转身。

将茶产业发展的这一切记录下来，整理出来，表达出来，呈现给我热爱的寿宁，呈现给这一方青山绿水，呈现给更多的乡贤、朋友，让更多的人了解寿宁，走进寿宁，成了我2010年底最大的想法，我称它为自己的一大"文字工程"。但由于工作繁忙，再加上长期使用电脑落下的颈椎病、胃病的折磨影响，这项"工程"于2011年4月份才正式"动工"，之后日夜加班。为了抓紧时间，我放弃了2011年4月底到柘荣县参加闽东日报社的"先进工作者"颁奖，放弃了"五一"节到泉州参加由《福建文学》和《福建日报》联合举办的"新人新作奖"的颁奖，放弃了一个个周末和节假日，"宅"在家中，夜以继日，废寝忘食。在文字的跋涉中，总有隐隐的茶香飘来，清丽的茶园景象浮现，倍感春光灿漫自在心中。而洞箫名曲《清明上河图》那悠远典雅的旋律总陪伴在我身旁，为我舒化疲倦，增添心力。

这样赶时间的结果是，在一个多月时间里完成了十万多字的报告文学创作初稿，之后多次进行补充采访、继续创作。而后由于搬家、工作调往福州、投入新的工作岗位等，《茶乡新韵》一书的创作出版一度滞停。这期间，是张天福教授、郑义正主任、陈增光主席、叶恩发厅长等前辈、领导和老师以及朋友们的鼓励给了我继续前行的力量。经过一段时间的心理调整，对书稿进行了前后三十多稿的修改，现在终于可以定稿，算是完成了一个饱含故土情结的心愿，也是一次对自己毅力与坚持的考验。我给自己的格言是：生命有限，努力无限。我将把有限的生命，投入到无限的文学事业中去，毕生为之奋斗，无怨无悔。

非常幸运，这本书的出版得到了省、市、县各级领导的关注和支持，在此，一并致谢。感谢张天福教授亲自为本书题写书名馈赠墨宝；感谢省第九届人大常委会副主任、省检察院原检察长郑义正先生为本书作序；感谢原省政协副主席陈增光先生对本书的悉心指导和帮助；感谢寿宁县委书记卓晓銮、县长黄国璋对本书的关注与支持，感谢所有长期以来关心、支持我的领导、亲朋、好友、网友、读者们。

由于时间仓促，水平有限，《茶乡新韵》一书难免存在谬误和纰漏，敬请读者批评指正。

朱雅秀

2012年1月于福州